AF451725

Cours d'Art et d'Archéologie

3, Impasse du Parc, Bruxelles

Les Origines de l'Art

et l'Art Oriental

PAR

JEAN CAPART

Chargé de Cours à l'Université de Liége,
Conservateur adjoint des antiquités égyptiennes
des Musées Royaux.

IIe PARTIE

L'Art oriental hors d'Égypte

RÉSUMÉ DU COURS

BRUXELLES

POLLEUNIS & CEUTERICK, IMPRIMEURS

37, RUE DES URSULINES, 37

1904-1905

LES ORIGINES DE L'ART
ET L'ART ORIENTAL

Résumé du Cours de M. Capart.

IIᵉ PARTIE.

1ʳᵉ LEÇON.

Programme et méthode. — Histoire de la Chaldée.

I. Commençons par rappeler quelques-uns des principes généraux qui ont servi d'introduction à la première partie du cours. Utilité d'étudier les arts de la haute antiquité de même que l'on étudie l'embryologie et la paléontologie afin de mieux connaître les organismes actuels et leurs fonctions.

Notre but immédiat doit être l'érudition, mais le but lointain sera d'arriver par l'étude des phénomènes artistiques du passé à la compréhension et à la direction des phénomènes artistiques du présent.

Mais il faut toujours, pour l'étude des documents du passé, s'efforcer d'en faire une étude objective " garder notre sang-froid ", comme dit Grosse, en présence des œuvres d'art. Sinon, nous n'aboutirons jamais à un classement précis des phénomènes qui permettra seul d'établir, un jour peut-être, des lois esthétiques.

II. La première partie du cours a montré l'importance de l'art égyptien : par son évolution depuis les temps les plus primitifs jusqu'à un état complètement développé ; par ses rapports avec les civilisations contemporaines des diverses périodes de l'histoire de l'Égypte ; par l'influence qu'il exerça sur le développement de l'art égéo-grec, etc.

Cette année nous devons étudier le second des grands courants artistiques de l'Orient, le courant chaldéo-assyrien (Babelon, *Archéologie orientale,* pp. 5-7).

III. Différence fondamentale entre les deux courants. L'œuvre de la Chaldée, de l'Assyrie et des peuples qui ont participé à l'évolution artistique de ces grands centres ne nous est connue que par fragments. " L'Égypte, disent Perrot et Chipiez, est à peu près le seul pays où nous puissions observer dans toutes ses phases un développement complet qui s'accomplit par l'unique effet des aptitudes et des énergies d'une race richement douée..., il résulte que l'histoire de l'art égyptien comporte des remarques et des conclusions qui présentent ici plus de certitude ou tout au moins plus de vraisemblance que nulle part ailleurs. Cette histoire est, si l'on peut ainsi parler, plus transparente qu'aucune autre. „

IV. Cherchons à indiquer les causes principales de cette différence. Les circonstances historiques nous en rendent compte partiellement sinon entièrement.

L'Égypte, à l'époque primitive et sous l'ancien empire, paraît avoir joui d'une période de tranquillité, favorable à un développement artistique suivi, atteignant un degré plus raffiné que dans les régions de la Chaldée. Il n'y a pas eu en Egypte de ces destructions systématiques dont nous aurons des exemples dans l'histoire assyro-babylonienne. Lorsque l'Égypte est envahie par des étrangers, sa puissance artistique s'impose aux envahisseurs qui adoptent l'art égyptien.

V. Dans le monde chaldéo-assyrien, dès les débuts, nous assistons à des périodes d'instabilité; le pays est plus rude, les races plus barbares. Cruauté des rois (ex. : Assurnazirpal)... " Malgré l'éclat et les raffinements de leur civilisation extérieure, ils demeurèrent toujours des barbares „ (Maspero).

VI. L'art chaldéo-assyrien a été répandu dans le monde méditerranéen par un peuple qui lui-même l'avait reçu, importé de son centre originaire : les Phéniciens sont les vulgarisateurs de l'art assyrien; mais ils l'ont surtout vulgarisé en commerçants, faisant des imitations de pacotille. Les Égyptiens, au contraire, aux périodes anciennes et jusqu'au moment où l'Égypte commence à décroître, transportent eux-mêmes leur art aux peuples étrangers.

VII. Le courant artistique sorti de la Chaldée nous est surtout moins connu que celui qui prit sa source en Égypte. Les monuments sont bâtis en matériaux moins solides : les rois d'Égypte bâtissent pour l'éternité, ceux de Chaldée et d'Assyrie prévoient en bâtissant la ruine de leurs constructions. (Ex. : inscription d'Assarhaddon "... ce palais vieillira, il tombera en ruine „).

Façon barbare dont les Assyriens faisaient la guerre, détruisant tout sur leur passage. Exemple : destruction de Suse par Assurbanipal : textes confirmés par les fouilles de Morgan.

VIII. Les pays de l'Asie antérieure n'ont pas encore pu être explorés dans les conditions de sécurité qu'offrent les fouilles en Egypte. Fouilles de Sarzec à Telloh. Mission américaine à Nippur. Mission de Morgan à Suse. (DE MORGAN, *Délégation en Perse,* pp. 28 et 29, chap. IV, pp. 57 et 60 et passim.)

La conséquence de cette insécurité qui diminue heureusement de jour en jour, est qu'on n'a pu faire pendant le XIXᵉ siècle, à part quelques heureuses exceptions, que des explorations extrêmement sommaires.(Ex.: Ninive-Kuyunjik).

IX. Ce qu'on peut espérer des fouilles de l'avenir. Prévisions de de Morgan pour Suse (l. l. pp. 152 et s.). L'insuffisance des fouilles est surtout à regretter pour toute l'Asie-Mineure dans les régions où précisément on est en droit d'attendre des résultats importants pour l'influence de l'art chaldéo-babylonien sur la formation de l'art grec.

X. Aux difficultés qui naissent de cette insuffisance des matériaux, il faut ajouter encore la différence fondamentale qui sépare les civilisations orientales des nôtres et dont le résultat a été si nettement marqué par Maspero (*Histoire ancienne des peuples de l'Orient classique* I, pp. 771-772).

XI. En Chaldée et en Assyrie nous avons heureusement, ce qui fait grandement défaut en Égypte, quelques repères chronologiques. Les archéologues chaldéens : Nabonide (milieu du VIᵉ siècle av. J.-C.) le collectionneur de vieilles tablettes de Nippur : HILPRECHT, *Exploration in Bible Land,* pp. 516 et s.). Tables de fondation recherchées en vain par plusieurs de ses prédécesseurs retrouvées par Nabonide. " Les tables de Naram-Sin, fils de Sargon l'ancien, que depuis 3200 ans aucun roi, parmi les rois mes prédécesseurs n'avait vues, le dieu Samas, le grand seigneur du temple du jour, Samas me les a révélées. „ Nabonide ayant commencé son règne en 555 ou 538 Naram-Sin vivait entre les années 3755 et 3798 av. J.-C. Réserves pour cette indication (THUREAU-DANGIN, *Revue sémitique* IV, 1897, p. 72 ; VI, 1904, p. 26).

Thureau-Dangin place Naram-Sin " non pas dans la première, mais dans la seconde moitié, peut-être même vers la fin de la seconde moitié du quatrième millénaire „.

Indications analogues : Point de départ : Prise de Samarie par Sargon en 721 av. J.-C. Listes chronologiques des Limmu (éponymes) pendant une période de 295 ans.

Sennachérib reprend à Babylone les statues de dieux enlevées en Assyrie par le roi de Chaldée, Mardouknadinakhé

418 années auparavant sous le règne de Téglath-Phalasar I.

Assurbanipal reprend à Suse la statue de Nana que le roi d'Elam Choutrouk-Nakhounte avait apportée de Chaldée 1635 ans auparavant, ... etc. ...

Dans le cadre chronologique ainsi fixé les autres faits viennent prendre place.

XII. Histoire sommaire de la Chaldée.

Bibliographie : Maspero : *Histoire ancienne des peuples de l'Orient classique.* Paris, 1895-1900.

— *Histoire ancienne des peuples de l'Orient.* Paris, 1904.

Ménant : *Ninive et Babylone* (Bibliothèque des Merveilles, 1888). (un peu vieux mais utile à lire cependant).

Villes principales Erech, Ur, Nippur, Shirpurla-Lagash, Agadé, Kish. Principautés constamment en lutte pour l'hégémonie vers 4000 av. J.-C. Grâce aux fouilles de Telloh l'histoire de Lagash commence à sortir des ténèbres. Des synchronismes s'établissent entre les dynasties des différentes villes, principalement pour les rois d'Agadé et d'Our. (Voir leçon sur la sculpture chaldéenne).

Sargon d'Agadé conquérant : Elam, Syrie, Cypre, Sinaï : contact avec l'Égypte ; pays de Magan ou Magal.

Naram-Sin guerres contre l'Elam ; butin rapporté de Magan.

Vers 2300-2500 av. J.-C. Hammurabi, roi de Babylone, bat les Elamites. — Son code.

Vers 2285 Choutrouk-Nakhounte roi de Suse s'empare de la Chaldée et pousse jusqu'en Syrie.

Vers 1714 le chef des Cosséens détrôna le dernier souverain de Babylone et fonda en Chaldée la dynastie des Cosséens qui dura plusieurs siècles sans éclat.

Vers la même époque se constitue un royaume indépendant en Assyrie. — Luttes perpétuelles et infériorité de la Chaldée. — Mardouknadinakhé (1127-1105). Merodachbaladan II vers 721 : 43 ans de luttes contre l'Assyrie.

Le second empire de Babylone s'éleva sur les ruines de Ninive avec Nabuchodonosor et Nabonide.

En 539 Babylone commandée par le fils de Nabonide, Belshazzar est capturée par Cyrus et l'empire de Chaldée s'évanouit à son tour.

———

IIe LEÇON.

II. L'architecture chaldéenne.

I. *Bibliographie.* Babelon, *Manuel d'archéologie orientale.*
Paris, 1888. Ch. I, § 1.
Sarzec-Heuzey, *Découvertes en Chaldée.*
Paris (en cours de publication).
Sarzec-Heuzey, *Une Villa royale chal-*
déenne vers l'an 4000 avant notre ère.
Paris, 1900.
Hilprecht, *Explorations in Bible Lands*
during the 19 th *Century.* Edinburgh,
1903.
Revue d'assyriologie et d'archéologie orien-
tale. Paris, à partir de 1884.

II. *Briques.* Importance de la brique en Chaldée. " De
toutes les architectures connues, aucune ne se présente avec
un système de matériaux aussi simplifié, disons même aussi
imparfait ; et si nous poussons cette question à ses dernières
limites, nous arrivons à établir que la bâtisse... se compose,
en définitive, d'un seul élément, *l'argile* „ (Place). Briques
crues et briques cuites.

Argile pétrie avec les pieds. " Puise de l'eau, ramasse de
l'argile et pétris-la avec tes pieds „ (Nahum III, 14).

Argile mélangée avec de la paille hachée en petits morceaux. Époque de fabrication (mai-juin, mois de la brique).

Briques faites à la main : plano-convexes, avec marque du
pouce de la main droite, puis inscription ; les mêmes mou-
lées (Hilprecht, p. 475). Briques faites au moule : carrées et
plates avec inscription.

Briques de formes diverses (voir plus loin). Dimensions : plano-convexes de Our-Nina, 0,27 à 0,28 × 0,14 à 0,15 × 0,05. Carrées de Naramsin et Ourbaou, 0,50 × 0,50 × 0,10. Goudéa : un pied, 0,315 × 0,315 × 0,10. — Briques cuites moins grandes.

La partie inscrite est toujours placée en dessous. Importance pour l'étude des remaniements.

Briques inscrites d'époque gréco-parthe.

III. *Disposition des briques* en lits horizontaux : " De trente en trente couches de briques on met des lits de roseaux entrelacés ensemble „ (Herodote I, 170). Usage analogue en Egypte. But : drainage des massifs.

Briques placées en arêtes de poisson (ancien signe chaldéen pour brique (Hilprecht, p. 543). Puits d'Eannadou. Disposition des assises de briques dans un angle de façon à lier étroitement les lits successifs (Our-Nina).

Mortier : bitume, mortier d'argile, ciment à la chaux, cendre et chaux (ce dernier encore en usage aujourd'hui).

Murs avec niches en retrait analogues à ceux de l'Egypte. Massif de Goudéa à Tello, porte du temple à Nippour (Hilprecht, p. 444). Disposition en rondins.

Briques émaillées pour revêtement.

IV. *Voûtes.* Voûte pré-Sargonique à Nippour avec support en T. Voûte ogivale à Tello dans la construction d'Our-Nina. Voûte en encorbellement à Our.

V. *Piliers en briques de Goudéa.* Originalité de la composition : forme des briques.

Destination des piliers ? Tribunal ? en bois de cèdre ? Comparaison avec le portique du jugement lambrissé de cèdre du palais de Salomon (Sarzec-Heuzey, *Découvertes,* p. 64, note).

VI. *Clous en argile.* Décoration de la façade de Warka rappelant le décor de certaines stèles égyptiennes de l'ancien empire. Cônes de Ourbaou, Goudéa et Dounghi.

VII. *Construction en pisé.* Coupoles? Tombe recouverte d'un dôme à Mouqeyr.

VIII. Les constructions chaldéennes sont élevées sur de hauts *tertres en briques crues* qui leur servent de base. Drainage des tertres : puits et canalisation des eaux. Exemples à Nippour. Manchons en terre cuite. Vases perforés.

IX. *Bois.* Rareté des bois en Chaldée. Importation de bois des côtes syriennes. Cèdre de l'Amanus.

X. *Pierre.* La Chaldée essentiellement pays d'alluvion manque de pierre. Pierres rapportées du pays de Magan ou Ma-al (Egypte, presqu'île Sinaïtique? (HEUZEY dans la *Rev. d'Assyriologie*, V, 1899, pp. 30-32, p. 54, etc.) diorite ou plutôt dolérite, albâtre ou onyx rubanné. Employée dans les seuils de porte et dans les supports des portes.
Or et argent employés dans l'architecture.

XI. *Plans chaldéens.* Sur la statue de Goudéa, sur des tablettes en terre cuite.

XII. La *tombe chaldéenne.* Enterrement — incinération. Nécropole à la base de la Ziggurat de Nippour. Tombe à encorbellement à Our. Tombe à dôme à Mouqeyr. Ensevelissement dans des vases (SCHEIL, *Une Saison de fouilles à Sippara,* HILPRECHT, pp. 403, 455-456). Tombes gréco-parthes en forme de sabot...

XIII. *Maisons.* Murs très épais. Niches dans les murs. Maisons à Eridou et Our.

XIV. *Temples.* Description par les auteurs grecs, des tours à étages ou *Ziggurrat.*
Fouilles de Hilprecht à Nippour : plan du temple, reconstitution. Difficultés dues aux remaniements successifs. La *Ziggurrat* s'élève au milieu d'une nécropole à incinération ? Peut-être était-ce la tombe du dieu. Le temple de Bel à

Nippour est " un lieu de résidence pour les dieux, un centre d'adoration pour l'homme, un cimetière pour les morts „ (Hilprecht, p. 466).

Types principaux : plan rectangulaire, étages vers le fond, axe vers le fond; plan carré, gradins de hauteur uniforme.

A Nippour, plan rectangulaire, étages uniformes, axe central.

Escaliers en rampes. Au sommet chapelle du dieu.

XV. *Palais.* Le palais de Tello est d'époque gréco-parthe de même que celui qui couronne les ruines du temple de Bel à Nippour.

XVI. Murs de villes. Portes. Constructions diverses à Tello : maisons des fruits de Our-Nina, bassins, réservoirs, cachettes. Seuils des portes (SARZEC-HEUZEY, *Une Villa chaldéenne*).

XVII. *Rites de fondation.* Statuettes d'époques diverses. Statuettes de chiens, d'animaux divers à Sippara (SCHEIL, *Une Saison de fouilles à Sippara*).

IIIe LEÇON.

La sculpture chaldéenne. Les bas-reliefs.

I. *Bibliographie :* Sarzec-Heuzey. Découvertes en Chaldée.
Heuzey. *Musée national du Louvre. — Catalogue des antiquités chaldéennes.* Sculpture et gravure à la pointe. Paris, 1902. (6 fr.)
Heuzey. *Les Origines orientales de l'art.*

II. On ne connaissait à peu près rien de la sculpture chaldéenne avant les fouilles de Sarzec à Tello.

Campagnes successives 1877, 1878, 1880, 1881, — 1888, 1889 — 1893, 1894, 1895 en 1898 et 1900. Mort de Sarzec en 1901. Continuation des fouilles par le capitaine Cros en 1903. Rôle important de M. Heuzey qui établit dès le début la chronologie des œuvres.

III. Caractères paléographiques des inscriptions : évolution de l'écriture parallèle à l'évolution de l'art : inscriptions de Our Nina comparées à celles de Goudéa. Généalogies. Synchronismes avec les dynasties de principautés voisines, principalement Kish, Agadé et Our. Lecture des tablettes par Thureau Dangin (Revue d'Assyriologie IV, 1897, V, 1902). Reconstitution progressive de l'histoire de Lagash.

a) *Période archaïque :* Luttes de Lagash et de Gish-Khan : Stèle de Mésilim. Eannadou et la stèle des vautours. Destruction de Lagash (Thureau Dangin, *la Ruine de Shirpourla (Lagash) sous le règne d'Ourou-Kagina* dans la Revue d'Assyriologie VI, 1904, pp. 27-32).

b) Domination des rois d'Agadé : Sargon l'ancien et Naramsin.

c) Période de Ourbaou et Goudéa et *domination des rois d'Our* sous les successeurs de Goudéa. Dounghi roi d'Our.

IV. A ces trois périodes correspondent des époques dans l'histoire de la sculpture chaldéenne.

" 1° Une époque de rudesse et de naïveté primitives ;

2° Une époque de sobriété déjà savante dans la technique et dans le style ;

3° Une époque de recherche gracieuse et d'exécution raffinée „ (Heuzey).

Confirmation des résultats par les fouilles de Nippour.

V. *Période archaïque.*

La figure aux plumes, les poteaux ou massues colossales.

Scènes mythologiques de Tello et de Nippour. Scènes de sacrifices que l'on retrouve sur les cylindres : sacrifice humain (?) et sacrifice du chevreau (Hilprecht, p. 475).

Masse d'armes du roi Mesilim " Le pourtour est orné de six lions, dressés à demi, qui se mordent en se poursuivant, et forment ainsi une chaîne continue. „ Motif de décoration qui se retrouve en Egypte à l'époque pré-dynastique. L'aigle léontocéphale de Lagash.

Bas-relief circulaire : Socle rond perforé de deux trous circulaires. Sujet représenté (?) Bandeau à franges (Egypte, Mycènes et Crète.) Vêtement : Kaunakès. Essai de modelé, détails traités avec recherche (ongles). Emploi de la bouterolle dans les creux.

Our Nina : l'aile léontocéphale sur les lions. Armoiries de Lagash.

Reliefs percés de trous ; leur destination probable.

Tableaux de famille de Ournina : Our Nina constructeur : vêtement. Les enfants du roi — l'échanson. Importance des inscriptions : successeur de Our Nina, Akourgal — matériaux rapportés de Maal. " Rudesse du travail n'excluant pas une certaine largeur et un progrès réel dans l'entente encore enfantine de la composition (Heuzey) „.

Stèle de Our Enlil découverte à Nippour (Hilprecht, p. 417).

La stèle des vautours du roi Eannadou. Face historique : Premier registre : l'armée en marche, roi à pied, cadavres et vautours. Deuxième registre : armée en marche, roi en char. Troisième registre : monceau de cadavres, sacrifice devant le taureau abattu. Quatrième registre : le roi vaincu, frappé de la lance du roi. Face religieuse. Scène principale : ennemis dans le filet frappés de la massue.

Bas-relief d'Enténéna en argile bitumineuse compressée : " progrès sensible dans la composition du groupe héraldique et dans la précision minutieuse des détails „.

VI. *Domination des rois d'Agadé.*
Fragment de stèle de l'époque de Naramsin " le souci du modelé et l'étude des musculatures font leur apparition dans le bas-relief chaldéen „.

Bas-relief de Naramsin à Constantinople (SCHEIL, *un Nouveau Bas-relief de Naramsin* dans le *Recueil de travaux* XV, p. 62). Influence de l'art égyptien? MASPÉRO, *Sur le Relief de Naramsin,* ibidem, p. 65-66).

Bas-reliefs rupestres de Scheikh-Khan (Revue d'Assyriologie II, 8, 2, p. 115 et *Rec. de trav.* XIV, p. 100).

Grande stèle de Naramsin découverte à Suse par M. de Morgan.

VII. *Période d'Ourbaou et de Goudéa, domination des rois d'Our.*
Le dieu Ninghirsou : figure assise, tête de face.
Couple divin " menu groupe, traité avec une grâce familière et avec un exquise finesse de travail „.

Le vase jaillissant et fragment de figure " extrême délica-
tesse faisant penser aux miracles de la ciselure japonaise „.
Scène liturgique.
Le bassin sculpté.

VIII. *Époque postérieure :* Hammurabi et la Chaldée sous
l'empire Assyrien.

Code d'Hammurabi. — Bas-relief d'Hammurabi (?) au
British Museum.

Bas-relief du Musée de Berlin (WOERMANN), *Geschichte der
Kunst.,* p. 156.

Plaquettes en terre cuite de Senkereh au British Museum.

Stèle de Marduknadinakhé (1100) au British Museum.

Stèle de Nabupaliddina (870) au British Museum.

Stèle de Merodachbaladan (721), à Berlin.

Nous reviendrons sur ces monuments à propos de la
sculpture assyrienne.

IVᵉ LEÇON.

La sculpture chaldéenne (*suite*).

I. Nous commençons dans cette leçon l'examen des *statues chaldéennes*. Comme nous l'avons dit précédemment, la connaissance de cette partie importante de l'art oriental est due à peu près uniquement aux fouilles de Sarzec à Tello. Le Musée du Louvre est le seul au monde qui possède à cet égard d'importantes séries. Publications excellentes de M. Heuzey (1).

II. *Bibliographie.* Outre les ouvrages cités précédemment voir : *Collection de Clercq. Catalogue méthodique et raisonné,* t. II, pl. X, nº 11 *a* et *b* et pl. XI.

III. *Matière.* " La pierre dans laquelle sont sculptées la plupart des statues de Tello est une roche très résistante, intermédiaire pour la dureté entre les marbres et les porphyres. Sa couleur, toujours sombre, varie du vert au noir, en passant par le bleu ardoise. On la distingue en général sous le nom de *diorite,* qui convient plus particulièrement aux variétés dont le grain un peu gros détermine des mouchetures, tandis que le terme de *dolérite* est appliqué par les spécialistes aux variétés d'un aspect plus fondu ... Ces roches se rencontrent d'ordinaire détachées en gros rognons ou blocs naturels arrondis. „ Sur les conséquences de ce fait, voir Heuzey. *Une statue complète de Goudéa,* dans la *Revue d'Assyriologie,* t. VI, 1904, pp. 21 et 22 ; *Un gisement*

---

(1) Les citations sans indication de source sont empruntées au Catalogue de M. Heuzey. On aime à reproduire ces jugements définitifs que les études de l'avenir ne peuvent certainement que confirmer.

de diorite au bord de la mer, dans les *Origines orientales,* pp. 115-119. — A côté des statues de diorite, d'autres sont faites en calcaire ou même en divers métaux.

IV. *Statues antérieures à Goudéa.* Statue contemporaine d'Our-Nina découverte par la mission américaine.

Statue anonyme en calcaire au British Museum (Budge, *A Guide to the Babylonian and Assyrian Antiquities,* 1900, pl. XX et 126). Pose, vêtement, cou, sourcils, yeux, pieds. Statue en diorite de la collection de Clercq. La date approximative de ces deux statues est indiquée grâce à la statue du Louvre au nom de Our Baou.

V. *Statues de Goudéa.* Neuf statues incomplètes dont quatre debout découvertes dans la cour du palais d'époque gréco-parthe, pêle-mêle, en deux groupes.

Statues assises. Statue colossale (1ᵐ58). Goudéa architecte à la règle. Goudéa architecte au plan, " une des meilleures par l'ensemble des proportions et par l'étude consciencieuse des extrémités. „ Indications intéressantes dans les inscriptions :

" Des montagnes du pays de Magan, il a fait venir une pierre dure pour sa statue, il l'a fait tailler. Il l'a nommée du nom " O mon roi dont j'ai construit le temple, que la vie soit ma récompense „. Il l'a placée dans le temple E-Ninnou ... Que personne n'entreprenne l'exécution de cette statue ni en argent, ni en albâtre, ni en cuivre, ni en étain, ni en bronze ! Qu'elle soit faite en pierre dure ! ... Quiconque enlèvera la statue, de Goudéa, quiconque effacera son inscription, quiconque la brisera ... Qu'il soit comme un bœuf tué en pleine prospérité ; qu'il soit comme un taureau sauvage abattu en pleine force. Que son trône soit renversé dans la poussière par ceux-là même qu'il avait réduits en captivité ... etc. „.

Vêtement chaldéen. Reconstitution sur modèle par M. Heuzey.

Petite statue assise de Goudéa récemment découverte et complétée par une tête du Louvre : (Heuzey dans la *Revue d'Assyriologie,* t. VI, pp. 8 et s. et pl. I). Défaut capital : disproportion; son explication basée sur la forme des blocs de diorite dans lesquels on sculptait les statues. " La bouche aux lèvres minces et découpées sourit finement. Le menton est ferme sans paraître épais et le modelé des joues procède d'une étude attentive de la nature. „

Statues debout. Statue debout aux épaules larges. Statue debout aux épaules étroites. La petite statue debout. " C'est la plus jolie des statues de Tello ; on remarque surtout la justesse élégante de ses formes juvéniles, et son beau poli qui fait valoir la finesse de la matière. Les mains, malgré la gaucherie de leur agencement, sont d'une distinction presque féminine. „

VI. *Fragments de statues.* Torse découvert par Hilprecht à Nippour (Hilprecht, p. 285) vraisemblablement contemporain des statues de Goudéa.

Tête rasée de Goudéa (?) " visage gros et plein présentant déjà le caractère officiel d'embonpoint et de maturité qui plus tard sera de règle pour les figures assyriennes „.

Tête au turban " les sourcils épais, croisant leurs arcs minutieusement striés, les yeux grands et largement ouverts, détails qui sont des caractères permanents dans tout l'art chaldéo-assyrien „.

Fragment de tête barbue de style plus avancé. Époque incertaine.

Tête barbue de la collection de Clercq. Exécution raffinée des détails de la coiffure et de la barbe : " ce qui frappe dans ces têtes, ce n'est pas un caractère ethnographique, mais un caractère d'expression ... Rien ne fait encore pressentir dans l'art asiatique l'accent de fierté impérieuse, cette fixité presque terrible du regard, que l'étiquette d'une monarchie militaire imposera plus tard aux figures assyriennes „ — " ... grandeur des yeux, dont la ligne inférieure se relève faiblement vers les tempes, profondeur des paupières, où l'on trouve employé d'avance un procédé qui sera cher à l'école de Phidias et à la grande statuaire grecque, modèle large et simple de toute la tête, nous montrent l'art chaldéen arrivé à un niveau qu'il n'a jamais dépassé „ (Heuzey).

VII. *Statues d'animaux.* Fragments de statues de lions — devant la porte d'un temple de Goudéa. — Bassin avec figures de lions en demi-bosse : Époque de Goudéa.

Ve LEÇON.

La sculpture chaldéenne (*fin*).

I. Nous devons étudier dans cette leçon les *statuettes chaldéennes*. " Il faut les considérer comme des statues en miniature... avec toute la finesse et tout l'accent que l'on pouvait attendre d'une école rompue par la gravure des cylindres aux travaux les plus minutieux. Ces petites images développent cependant notre connaissance de l'art chaldéen, en mettant sous nos yeux des exemples de types et de costumes beaucoup plus variés que n'en présente jusqu'ici le groupe encore très restreint des grandes figures de ronde bosse. „

II. *Têtes archaïques* " exemple de la tendance réaliste de la première époque à marquer l'embonpoint, dans lequel on voyait une expression de maturité et aussi de dignité „. Tête intacte. Yeux et sourcils en creux probablement incrustés.

III. *Statuette très archaïque.* Vêtement se retrouvant sur un des bas-reliefs d'Our-Nina. Disproportion des mesures de la tête et du corps, " aspect presque monstrueux „. Indécision du sexe. Chevelure tombant sur le dos.

IV. *Statuettes de transition.* Statuette d'homme debout. Pose traditionnelle. Tête rappelant encore les têtes archaïques. Ressemblance avec une série d'œuvres égyptiennes du moyen empire dont Maspero fait remarquer le " réalisme un peu brutal mais avec une grande souplesse de ciseau „.

Statuette en albâtre avec l'aryballe (DE LONGPÉRIER, *Musée Napoléon III*, pl. I et HEUZEY, *Origines orientales*, pl. V), vêtement : tunique fabriquée en étoffe floconneuse. " Autour de sa tête, une écharpe roulée en couronne, sorte de tortil, serre la chevelure, qui s'étale sur le dos en nappe ondulée, d'après le beau goût de simplicité qui caractérise les hautes époques. „ Symbolisme du vase jaillissant. (Voir Heuzey, *les Origines orientales,* passim.)

V. *Statuettes de style développé. Tête de statuette virile.* " Remarquer les yeux grands aux paupières profondes, les sourcils en relief, dont la rencontre forme un bouton saillant, la bouche délicate et sérieuse, le menton petit, qui se dérobe en courbes un peu molles. Le travail n'est pas poussé cependant jusqu'au dernier fini; les oreilles restent inachevées. Il y a de la puissance dans le dévelopement du crâne et de l'encolure, surtout de profil, tandis que de face l'ovale du visage s'allonge et tend à l'élégance. „ Epoque de Goudéa.

VI. *Statuettes de femmes, contemporaines de Goudéa. Statuette de princesse.* Vêtement : " Le rectangle d'étoffe est seulement drapé en sens inverse, de telle sorte que l'extrémité libre retombe en avant sur l'épaule gauche. Par une curieuse coïncidence, un ajustement analogue distingue souvent le manteau des femmes grecques. „

Femme assise. " Travail simple, mais élégant „. Vêtement : " châle croisé, dont la trame se termine par des déchiquetures triangulaires ou tout au moins par des houppettes aplaties; les deux angles ramenés par devant descendent seulement jusqu'à la taille et sont maintenus par les mains jointes „.

Tête coiffée de l'écharpe. " Supposez cette tête découverte ailleurs que dans un milieu tout chaldéen, jamais, ni sa face un peu plate, ni son menton un peu carré n'auraient suffi à la faire distinguer des types de l'antiquité classique. „

Torse de femme en diorite gris vert. Une des œuvres les plus surprenantes de la sculpture chaldéenne. " Ses cheveux, ondulés sur les tempes et relevés en chignon, sont couverts par une écharpe, dont l'un des bouts, plié avec soin et maintenu par ses propres franges, couronne le front d'un étroit bandeau. C'est là encore un arrangement que les femmes de la Grèce antique retrouveront bien des siècles plus tard, sous le nom de *Kékryphalos*. La grande surprise est de voir les traits réguliers du visage achever, jusqu'à un certain point, la ressemblance avec le type grec : grands yeux dessinés en amande, nez parfaitement droit, bouche au sourire délicat, menton ferme, cou bien dégagé dans le quintuple collier qui l'enserre. Nul doute que, dès cette époque, le seul progrès du goût n'ait amené la sculpture chaldéenne, par l'atténuation graduelle du type national, à une conception toute voisine du profil hellénique. „ Disposition du vêtement, indication des plis.

VII. *Statuettes groupées. Support en stéatite* entouré de sept figurines accroupies: " malgré l'exiguïté des figures et la minutie des détails, le style ne manque ni de naturel ni même de largeur: l'ensemble est d'une invention décorative remarquable. „

VIII. *Statuettes d'animaux. Tête de lion* au nom d'Our-Nina, vague ressemblance avec le type des lions égyptiens. Têtes rapportées. *Tête de lion fantastique* avec la langue passée.

Masse d'armes de Goudéa en brèche. " Sur le mufle rétractile, des stries caractéristiques, gravées en trait, dessinent une sorte de palmette; c'est une disposition décorative, qui répond cependant à la nature et qui se perpétuera, en se systématisant de plus en plus jusque dans les grands lions en briques émaillées du palais de Suse. „

IX. *Taureau chaldéen à tête humaine.* Intérêt que présente ce type qui jouera un rôle important dans l'architecture assyrienne (HEUZEY, le *Taureau chaldéen à tête humaine et ses dérivés* dans les *Monuments Piot*, VI, pl. XI et pp. 115-133) et qui se retrouve jusque dans l'Espagne primitive.

Taureau androcéphale incrusté (HEUZEY, le *Taureau chaldéen androcéphale et la sculpture à incrustation* dans les *Monuments Piot*, VII, pl. 1 et pp. 7-11).

X. Figurines de chiens découvertes à Sippara (SCHEIL, *loc. cit.*).

Statuette de taureau en bronze à incrustations, fonte en creux — date incertaine.

Tête d'antilope en cuivre découverte à Nippour (HILPRECHT, p. 540).

Tête de taureau en cuivre découverte à Tello. Yeux incrustés en nacre et lapis. Pièce complète, décorative; trous de suspension. Époque d'Entéména.

XI. *La gravure sur métal.*

Lance du roi de Kish.

Le Vase d'argent d'Entéména " *restreint* au marteau et battu d'une seule pièce, sauf à l'intérieur de l'orifice, où la feuille métallique, doublée par exception, porte des traces de soudure au cuivre „.

VIᵉ LEÇON.

Les arts industriels de la Chaldée.

I. *Bibliographie :* Babelon, *Archéologie orientale.* Chap. I,
§§ III et IV.

> Menant, *les Pierres gravées de la Haute-
> Asie. Recherches sur la Glyptique
> orientale.* I. Cylindres de la Chaldée.
> — *Catalogue de la Collection de Clercq,*
> I. Cylindres orientaux. Paris, 1888.
> Heuzey. *Catalogue des antiquités chal-
> déennes.* V. Figurines de métal. VI.
> Figurines de terre cuite. VIII. Gravure
> sur coquille.

II. *Figurines en métal.* Le métal employé primitivement
est *le cuivre* sans aucun alliage d'étain. On l'employait pour
faire des statues de grandes proportions et des statuettes.
Dans le premier cas on se sert de lames minces battues au
marteau. Reste d'un grand engin en cuivre ; corne de taureau : forme en bois.

Lorsqu'il s'agit de petites statuettes on emploie la fonte en
plein ou la fonte en creux.

Fonte en plein. Intéressante série de statuettes provenant
des dépôts de fondation ; date connue. Exemples : antérieures à Our-Nina. — Epoque d'Our-Nina : type de porteuse. — Figure votive d'Entéména. — Epoque d'Our-Baou :
le dieu agenouillé " Complexité du motif, unité de l'attitude,
beauté des formes, un peu trapues, mais d'un modelé puissant „. — Epoque de Goudéa : le dieu agenouillé, le porteur

de corbeille, le taureau couché. — Epoque de Dounghi : la porteuse de corbeille, le taureau couché „ sentiment plus puissant de la nature. — C'est un des meilleurs ouvrages de cette série de fontes chaldéennes. „

Fonte en creux. Contentons-nous de rappeler les têtes de taureau étudiées dans la leçon précédente. Pour l'emploi du *bronze,* citons la figurine du taureau incrusté d'argent citée dans la leçon précédente et dont la date ne peut être fixée avec précision.

III. *Figurines de terre cuite.* Fabrication simple : „ la terre est estampée en plein, dans un moule à une seule pièce, avec le revers dressé à la main... Souvent l'épaisseur du moule a produit une bordure que l'ouvrier n'a pas pris le temps de faire disparaître „. — Argile fine et serrée; très cuite, ne se laissant rayer que difficilement, même par une pointe de métal.

Types primitifs. Figurines de style chaldéen développé. Type de la déesse nue.

(HEUZEY, *les Terres Cuites chaldéennes avant les découvertes de M. de Sarzec,* dans les *Origines Orientales,* pp. 1-14).

IV. *Le Vase sculpté de Goudéa.* Vase en stéatite décoré de motifs mythologiques intéressants.

V. *Gravure sur coquille.* Les plus anciens dessins sont gravés sur *coquille mate.* „ Les morceaux sont taillés et coupés tout exprès pour servir à l'incrustation ou pour entrer dans des ensembles décoratifs... Il y a beaucoup d'analogie avec l'emploi de l'ivoire; l'effet devait être à peu près le même. La coquille tenait lieu de cette matière précieuse qui ne paraît pas avoir été connue en Chaldée à la haute époque. „ — Plus tard on se sert „ de la *nacre,* matière plus riche et plus chatoyante, mais plus revêche à la gravure, parce que la surface cassante et lamelleuse s'éclate sous l'effort de la pointe... L'apparition de la nacre marque donc pour la gravure chaldéenne sur coquille une période de décadence et de luxe purement industriel „.

Pièces convexes provenant de petits gobelets antérieures à Our-Nina. — Plaquettes d'incrustation.

Chevreau bondissant. " C'est tout simplement une œuvre exquise de vérité et d'observation... L'attitude bondissante, si vive et si gracieuse dans cette espèce, est saisie sur nature. „

VI. *Gravure sur pierres dures.*

" La *matière* des pierres gravées comprend toutes les pierres susceptibles de recevoir un beau poli, le marbre, le jaspe, le quartz depuis le cristal de roche, l'émeraude, l'améthyste, la topaze, la calcédoine et les onyx jusqu'aux agates les plus communes. On rencontre très fréquemment l'hématite, particulièrement en Chaldée, quelquefois le lapis lazuli, rarement le jade „. (MENANT, *Catalogue de* Clercq, I, pp. 1 et s.) *Outils employés :* le burin, la bouterolle, puis la scie.

Forme : la forme la plus connue est la forme cylindrique (cônes, pyramides, sphéroïdes et scarabéoïdes, surtout en usage plus tard).

But " ces pierres étaient à la fois des ornements, des amulettes et des cachets „. (Menant.)

Sujets " Les scènes, en général, sont inspirées par une idée religieuse, elles sont puisées dans les données des légendes antiques ou dans les exigences des cérémonies du culte. „ (Menant.)

Classement. Le classement des cylindres chaldéens a surtout été l'œuvre de Menant : se défier cependant de quelques généralisations hâtives, ainsi que l'a démontré à plusieurs reprises M. Heuzey. Eléments de classement : Inscriptions. — Paléographie des inscriptions. — Empreintes des cylindres sur des documents datés. — Groupements par écoles. — Cylindres archaïques montrant nettement les traces des instruments employés (animaux fantastiques entrelacés). Cylindres présentant des épisodes de la légende d'Isdubar (Gilgamès) et Eabani " Gilgamès, roi d'Ourouk, dont un poème composé au plus tard au XXIIIᵉ siècle avant notre ère nous a conté les exploits „ (MASPERO, *Histoire ancienne...,* 1904, pp. 182-184. ID., *Histoire ancienne...,* I, 1895, pp. 574-590). *Cylindre de Sargon d'Agadé.*

Cylindre de *Our;* de Ourkham et de Dounghi : initié conduit par la main; initié faisant une libation. Sacrifice humain. Sacrifice du chevreau. La déesse nuc. Scènes diverses. (Incertitude et vague de ces désignations.)

———

VIIᵉ LEÇON.

Histoire sommaire de l'Assyrie.

I. *Bibliographie :* MASPERO. *Histoire des peuples de l'Orient classique.* Paris, 1895-1899.

ID. *Histoire ancienne des peuples de l'Orient.* Paris, 1904.

KRALL. *Gundriss der altorientalischen Geschichte.* Vienne, 1899.

BEZOLD. *Ninive und Babylon.* Leipzig, 1903.

II. La civilisation chaldéenne avait eu pour centre le bassin inférieur du Tigre et de l'Euphrate. C'est dans le bassin supérieur du Tigre que se constitue la puissance assyrienne.

Il semble que l'on doive rattacher l'origine et les premiers développements de l'Assyrie à des mouvements de peuples qui se produisirent dans le nord de la Chaldée.

L'Assyrie tire toute sa civilisation de la Chaldée.

III. A l'époque de la XVIIIᵉ dynastie égyptienne, les lettres de Tell el Amarna nous font assister aux premières rivalités entre l'Assyrie et les rois cosséens de Babylone.

Des alliances permettent aux rois d'Assyrie d'intervenir dans les affaires de Babylone et, en 1270 av. J.-C., Tougoultininip, roi d'Assyrie, entre à Babylone et s'en proclame roi.

IV. Teglat-Phalasar Iᵉʳ (1130), est une des figures les plus grandes de l'histoire d'Assyrie. Conquêtes dans le Naïri, chez les Hittites et en Phénicie. Succès et revers dans sa lutte contre le roi de Chaldée Mardouknadinakhé (statues reprises par Sennachérib).

Assournazirpal (885-860). Extension de l'empire dans la Syrie du Nord. Palais à Kalah-Nimroud.

Salmanazar II (861-825) étend l'empire d'Assyrie du golfe persique aux montagnes d'Arménie, et de la Médie à la Méditerranée. Entre en contact pour la première fois avec le peuple d'Israël. Il reçut le tribut de Jehu, roi d'Israël. — Schamschiadad III — Adadnirari III — Salmanazar III — Assourdan III — Assournirari. — Période de décadence. Formation d'une puissance en Arménie : l'Ourartou.

Teglat-Phalasar III (745-727) reprend à l'Ourartou le Naïri et une partie de la Syrie, et les princes de la Phénicie tout entière lui rendent hommage. Israël est réduit à peu près à la seule ville de Samarie.

La Bible attribue à Salmanazar IV (727-722) la prise de Samarie, la destruction du royaume d'Israël et la transportation des Israélites. D'après les documents assyriens, la prise de Samarie est l'œuvre de Sargon en 721.

Sargon (722-705), soumet la Médie, la Chaldée, l'Elam, prend pied dans l'île de Chypre et menace l'Égypte. Luttes contre Merodachbaladen II en Chaldée et défaite de ce dernier. Construit un palais à Dour-Sharoukîn : Korsabad.

Sennachérib (705-681) comhat en Syrie la coalition des Syriens avec le royaume de Juda et l'Égypte. Les Égyptiens sont vaincus à Altakou, Lakis est assiégée et prise, Ezéchias paie tribut. Sennachérib est empêché d'envahir l'Égypte.

Luttes contre Babylone et l'Elam, les Arabes et contre la Cilicie où les Grecs sont battus sur terre et sur mer. (Destruction de Babylone). Palais à Ninive. Kuyunjik.

Asarhaddon (681-667) reconstruit Babylone. Expéditions en Phénicie, Cilicie, Médie. Conquête de l'Égypte sur les Éthiopiens. Prise de Memphis en 670. Révolte de l'Égypte au moment de la mort d'Asarhaddon.

Assourbanipal (667-625) réprime la révolte, et lors d'une

seconde expédition pille Thèbes (665) dont il emmène les habitants en captivité. Guerre victorieuse en Elam : prise de Suse. Palais à Ninive.

L'empire d'Assyrie succombe sous les coups des Chaldéens et des Mèdes, commandés par Cyaxare et Nabopolassar. Destruction de Ninive en 609.

V. La résurrection de l'Assyrie est l'œuvre des recherches du XIXe siècle :

Fouilles de Botta (1842-1845), à Kuyunjik et Khorsabad ;
de Place (1851-1855), à Khorsabad ;
de Layard (1845-1847 ; 1849-1851), Kuyunjik, Nimroud (Kalah), Assour (Kalat Sherkat) ;
de Loftus (1852-1853), G. Smith (1873, 1874, 1876), Rassam (1852-1854, 1878). Fouilles actuelles des Anglais et des Allemands.

Bibliographie : Hilprecht, *Explorations in Bible Lands during the XIXth Century.*

Fossey, *Manuel d'Assyriologie.* Paris, 1904.

VIIIe LEÇON.

L'architecture assyrienne.

I. *Bibliographie :* Babelon, *Manuel d'archéologie orientale,* chapitre II.

Perrot et Chipiez, *Histoire de l'Art dans l'Antiquité ;* II. *Chaldée et Assyrie.* Paris, 1884, chap. II-V (vieilli).

Place, V., *Ninive et l'Assyrie avec des essais de restauration par* Félix Thomas. Paris, 1866-1869. 3 volumes.

II. Les *matériaux* mis en œuvre par l'architecture assyrienne sont les mêmes que ceux employés dans l'architecture chaldéenne. " La pierre calcaire, que fournissent en abondance les derniers contreforts des montagnes du Kurdistan, a permis aux architectes de Ninive de ne pas employer exclusivement la brique et d'élever parfois des murs en moellons appareillés.„ (Babelon.) On se servait, pour le revêtement des murs intérieurs, de grandes dalles en calcaire ou en gypse, ajustées bout à bout par la tranche et que l'on décorait de bas-reliefs. (A Khorsabad les bas-reliefs mis bout à bout se derouleraient sur une longueur de 2 kilomètres.)

III. A l'exception du palais de Sargon à Dour-Sharoukin (Khorsabad), les fouilles exécutées dans les monuments assyriens ne permettent pas de se rendre un compte très exact de l'aspect de l'architecture ninivite. Heureusement, les bas-reliefs découverts dans les palais suppléent à cette insuffisance de renseignements et nous font connaître les divers types de constructions.

IV. *Transport des matériaux.* Des bas-reliefs nous montrent le transport des pierres, de grandes sculptures au moyen de traîneaux et de rouleaux (Place, *loc. cit.,* pl. 44bis.

Voir dans LAYARD, *Second series of monuments of Niniveh*, la préparation de la terrasse sur laquelle l'édifice devait être construit).

V. *Temples*. Les bas-reliefs nous montrent une tour à étages (PERROT et CHIPIEZ, p. 128) rappelant les ziggurat chaldéens, ainsi que des petites chapelles où l'on constate l'emploi de colonnes ou de pilastres (*ibidem*, pp. 142 et 143).

Le temple d'un dieu arménien, avec fronton triangulaire, représenté sur un bas-relief de Sargon doit être rattaché à l'art de l'Asie Mineure plutôt qu'à l'art assyrien (*ibidem*, p. 410).

VI. *Villes et maisons*. — Les représentations des villes et des maisons se rencontrent parfois. Citons d'abord la ville de Suse sur un bas-relief d'Assourbanipal où l'artiste paraît avoir représenté les maisons susiennes en prenant comme modèle des maisons assyriennes (LAYARD, *loc. cit.*, pl. XLIX). Un palais, précédé d'un groupe de constructions sur un autre relief, montre dans la décoration des murs l'emploi de grandes rainures horizontales et verticales. A côté de maisons avec toits plats, on constate l'existence d'édifices surmontés de coupoles sphériques et coniques (LAYARD, *loc. cit.*, XL et XVII). Un bas-relief du Musée du Louvre nous montrant une assez nombreuse agglomération de constructions a grandement servi de base aux reconstitutions du palais de Sargon (PLACE, pl. XLI).

VII. *Enceintes fortifiées, forteresses*. Enceinte fortifiée et tente sur un bas-relief d'Assournazirpal. Les forteresses assiégées par les armées assyriennes sont fréquemment représentées : on doit se demander si elles reproduisent les types de fortification des peuples voisins ou si ce sont des forteresses telles que les construisaient les Assyriens. Exemple : forteresse sur un bas-relief d'Assournazirpal ; forteresse de Hamann sur un bas-relief d'Assourbanipal.

On sera tenté de voir dans ces constructions des types d'architecture militaire en usage en Syrie puisqu'on les retrouve représentées également dans les monuments égyptiens consacrés à la conquête de ce pays.

VIII. *Colonnes assyriennes.* A l'exception du pilier en briques de Goudéa l'architecture chaldéenne a négligé, par la nature même des matériaux, l'emploi de la colonne. Les Assyriens s'en sont servis mais sans l'utiliser d'une façon courante. Les documents permettant de s'en faire une idée sont rares.

Une façade d'un monument représenté sur un bas-relief montre des colonnes posées sur le dos de lions (Perrot et Chipiez, p. 225). On a retrouvé des figures de taureaux ailés, à tête humaine, debout ou couchés qui servaient de base de colonnes. Enfin dans le palais de Sargon à Khorsabad on a découvert un chapiteau en pierre. On peut se demander si ces rares colonnes étaient réellement des éléments architecturaux et s'ils n'étaient pas plutôt des emblèmes religieux. (On voit fréquemment des divinités posées sur des animaux, le seul chapiteau retrouvé rappelle la masse d'armes religieuse : voir HEUZEY, *la Masse d'armes et le chapiteau assyrien,* dans les *Origines orientales,* pp. 183-200 ; PUCHSTEIN, O., *dir Saüle in der assyrischen architectur* dans le *Jahrbuch der kaiserlich deuschen archaologischen Instituts* VII, 1892, pp. 1-24.)

IX. *Le palais de Sargon à Khorsabad.* Aspect général du plan : le *khan,* le *serail* et le *harem.* Restitution du palais ; la porte principale, la cour du harem, la tour à étages (MASPERO, *Lectures historiques,* Paris, 1890, pp. 214-225 : excellente description sommaire).

X. Détails complémentaires : *Briques émaillées — Seuils décorés.* — La décoration des monuments était enfin complétée par des *peintures sur stuc.*

Stèle de Khorsabad " on se croirait en présence d'une stèle grecque „ (Babelon).

IXᵉ LEÇON.

La sculpture assyrienne : Statues, stèles et sculptures en haut relief.

I. *Bibliographie :* Perrot et Chipiez. *Histoire de l'Art.*
Tome II, chapitre VI.
Assyrian Sculptures éditées par Klein-
mann et Cⁱᵉ Londres-Harlem (en cours
de publication).

II. " La statuaire chaldéenne n'émigra pas en Assyrie avec les autres arts; ou plutôt les Assyriens la dédaignèrent. La cause principale qui empêcha cet art de se développer chez les Ninivites fut la proximité des carrières d'albâtre et l'absence du marbre, du diorite, du porphyre et des autres pierres susceptibles d'être taillées en ronde bosse. L'albâtre ne se débite que par feuilles minces et plates qui se prêtent aussi admirablement au bas-relief qu'elles sont impropres à la statuaire „ (Babelon).

III. *Statues.* Statue en basalte noir, de Salmanazar I, (1350) au British Museum rappelant les anciennes statues chaldéennes.

Statue d'Assournazirpal au British Museum. Lourdeur d'aspect. Manque absolu de franchise dans l'exécution.

Statue du dieu Nebo, dédiée par Adadnirari III (811-782), au British Museum.

Les statues piliers du palais de Sargon à Khorsabad : Symbole du vase jaillissant emprunté à la Chaldée.

On voit parfois représentées sur des bas-reliefs des statues de divinités; les textes mentionnent assez souvent la capture de statues chez les vaincus et la reprise de ces mêmes statues parfois après plusieurs siècles.

IV. *Les Stèles*. Les statues sont souvent remplacées par des stèles monolithes de forme trapézoïdale arrondies au sommet. Sur la stèle apparaît en relief assez haut la figure du roi en adoration devant des emblèmes religieux. Le bord de la stèle faisant saillie encadre la représentation. On peut retrouver le prototype de ces stèles en Chaldée : exemple la stèle de Mardouknadinakhé (1100) au British Museum.

Stèles d'Assournazirpal et de Salmanazar II au British Museum. Stèle de Shamshiadad (824-811) au British Museum (Samas-vul, Samsi-vul). " Au premier coup d'œil, il est manifeste que l'artiste a été plus hardi que s'il se fût agi d'une statue en ronde bosse. Les pieds et les bras sont plus libres et plus dégagés; loin de traiter sommairement les détails du costume, il se complait au contraire à les accentuer avec exagération „. (Babelon).

Stèle de Bel-Harran-bel-ousour contemporain de Teglat-Phalasar III (745-727), découverte par le Père Scheil (*Une saison de fouilles à Sippara*, pl. I. Voir Maspero, *Histoire ancienne des peuples de l'Orient classique*, III, p. 208).

Stèle de Sargon, trouvée près de Larnaca dans l'île de Chypre, au musée de Berlin.

Stèle d'Asarhaddon (681-667) découverte à Sendschirli au musée de Berlin. Représentation du roi vainqueur de Taharqa, roi éthiopien de l'Egypte, et de Baalou, roi de Tyr. (von Luschan, *Ausgrabungen in Sendschirli I*. Berlin, 1893, pp. 11-27).

Stèle d'Asarhaddon au Nahr el Kelb (près de Bérouth) et de Sennachérib à Bavian (N.-N.-E. de Ninive).

Stèles d'Assourbanipal : type de porteur de corbeille emprunté à l'art chaldéen.

V. *Taureaux ailés*. Inscriptions de Sennachérib: " que le taureau protecteur, le gardien de ma vie perpétue dans cette enceinte la fortune et le bonheur jusqu'à ce que ces portes s'écroulent „. Asarhaddon : " Que dans ce palais, le taureau suprême, le lion suprême, les gardiens de ma royauté qui protègent mon bonheur, brillent d'un éclat éternel jusqu'à ce que leurs pieds se séparent de ces portiques „ (Menant).

Taureau ailé du palais d'Assournazirpal à Nimroud au British Museum. Taureau ailé et génie du palais de Sargon à Khorsabad, au British Museum. Taureau ailé du palais de Sargon, au Louvre.

" La puissante saillie donnée à leur corps fait qu'ils participent à la fois du bas-relief et de la ronde bosse. Il est de ces taureaux qui ont un relief de plus de 0m20. Le mérite de l'artiste est surtout d'avoir su donner à cet animal fantastique de justes proportions, d'avoir combiné ces éléments divers empruntés à la nature, de manière à créer un animal harmonieux dans ses formes, où rien ne choque le goût, dont l'expression est noble, imposante, naturelle : à nous, les fils d'une autre civilisation, rien ne paraît grotesque et difforme dans ces belles et vigoureuses créations du génie assyrien qui a su, aussi habilement que le génie égyptien, associer la forme humaine à la forme animale dans la représentation symbolique de la divinité et des êtres supra-sensibles „ (Babelon).

Lion d'Assurbanipal à Nimrud, au British Museum.

Dieu de la façade du palais de Khorsabad, au Louvre.

Disposition des taureaux et des figures colossales de divinités dans l'ensemble architectural.

VI. *Bas-reliefs rupestres* de Bavian et de Malthaï.

VII. *Obélisques.* Obélisque de Salmanazar II (861-825). Scènes diverses représentées : le tribu de Jehu, roi d'Israël. Les animaux, les singes.

VIII. *Stèles de propriétés Babyloniennes* : Koudourrou. Un des plus célèbres est le caillou Michaux à la Bibliothèque nationale à Paris. Spécimens au British Museum. Spécimens du Louvre trouvés par de Morgan à Suse.

IX. *Poids en bronze*. Il est permis de rattacher encore à la sculpture les lions en bronze ayant servi de poids. Le plus beau est celui trouvé à Khorsabad et conservé au Louvre. " Le lion est couché dans la nonchalance superbe de la force qui, confiante en elle-même et insoucieuse du danger, s'abandonne paresseusement au plaisir de la détente et du repos. „ (Perrot).

Xe LEÇON.

La sculpture assyrienne d'Assournazirpal à Assourbanipal.

I. *Divisions.* " Il semble qu'on puisse distinguer dans l'art assyrien, tel que nous le font connaître les bas-reliefs, trois périodes ou trois évolutions successives. Sous *Assournazirpal,* les figures, déjà énergiques et hardies, mais trapues, sont peu nombreuses dans les tableaux ; les mouvements sont sobres, mais pleins de vérité. L'artiste a l'habitude singulière, qu'on ne constate que dans l'art assyrien, de recouvrir une partie de ses personnages de longues inscriptions explicatives de la scène qu'il a voulu représenter... Sous *Sargon* et *Sennachérib,* les sculpteurs deviennent plus expérimentés et plus ambitieux dans leurs tableaux, les figures sont beaucoup plus nombreuses et concourent plus visiblement à une action commune ; elles ont plus de vie et de mouvement ; les scènes de bataille, de chasse, d'adoration des dieux, de travaux publics par les esclaves sont plus variées ; les gestes des personnages sont plus accentués et énergiques, les muscles des bras et des jambes plus fouillés ; enfin les inscriptions cessent de traverser le corps des figures ; elles sont placées à côté, en légendes explicatives. Au temps d'*Assourbanipal* naît un art plus naturel, et plus conforme aux vrais principes de la sculpture en bas-relief. Au lieu de géants, ce sont au contraire des figures rapetissées, formant une suite de tableaux, aux scènes les plus variées, pleines de fraîcheur et d'action „ (Babelon).

II. *Sujets*. Les représentatious assyriennes sont extrêmement peu variées. Alors qu'en Egypte on rencontre à chaque
pas le peuple, la classe moyenne à côté du roi et de son
entourage, en Assyrie nous ne voyons jamais au premier
plan que les dieux et le roi. Les représentations peuvent se
répartir en trois groupes principaux : les dieux et le roi en
présence des dieux, les guerres du roi, les chasses du roi.

III. *Exécution*. La note dominante pendant les règnes des
rois antérieurs à *Assourbanipal* pourrait être : grandeur de la
composition, pauvreté d'exécution. Sécheresse du rendu des
personnages et des animaux. Manque absolu de perspective.
Procédés naïfs pour indiquer le paysage. Manque de variété
des types. Minutie dans l'exécution des détails. Accentuation
d'une musculature toute conventionnelle où l'on serait tenté
de constater le résultat de l'observation des " écorchés „.
Polychromie des reliefs.

IV. *Scènes religieuses*. L'arbre sacré et les divinités : bas-
reliefs du palais d'Assournazirpal à Nimroud. Déesses (?)
ailées, debout devant l'arbre ; dieux barbus agenouillés.
Génies ailés à têtes d'aigles avec le fruit du palmier et le
panier.

Génie ailé porteur du cerf. Le dieu poisson Oannés
(Ea ou Dagon).

Le roi devant l'arbre sacré, suivi de génies ailés.

Combat de Mardouk et Tiamat, une des compositions les
plus parfaites de la première période de la sculpture
assyrienne.

V. *Le roi*. Portraits d'Assournazirpal. " Le sculpteur
assyrien n'a pas su faire un véritable portrait et se préoccuper
de la ressemblance individuelle, si ce n'est peut-être pour
certaines têtes royales. Il n'a pas su, non plus, donner aux
types qu'il a créés la moindre expression qui trahisse une
émotion quelconque de joie ou de tristesse : ses personnages

restent impassibles, aussi bien au milieu des joyeux festins qu'à la chasse, à la guerre, et même dans les supplices les plus atroces „ (BABELON). Voir MENANT, *Remarques sur les portraits des rois assyro-chaldéens*, Paris, 1882.

Les grands officiers, les eunuques. Étude du détail des vêtements, des armes, des ornements qui permettent de se faire une haute idée des arts industriels.

VI. *La guerre.* Caractère conventionnel des représentations. Le roi et ses gardes, les machines de guerre, la ville et ses défenseurs sont de la même grandeur, occupent toute la hauteur de la paroi. Les assaillants et les défenseurs offrent le même type. Caractère schématique des indications du paysage : montagnes, forêts, fleuves.

Tributaires amenant des singes.

Un grand nombre de scènes sont couvertes en partie par les inscriptions.

VII. *La chasse.* Le roi sur son char, chassant le lion et le bœuf sauvage. Caractère sec et peu vivant des représentations des animaux : indication conventionnelle de leur musculature. Un animal, le cheval, peut être étudié dans ses transformations depuis Assournazirpal à Assourbanipal en passant par Teglatphalasar III, Sargon et Sennachérib.(Têtes de chevaux époque de Sargon dans la Collection de CLERCQ, II, pl. XXIII.)

VIII. *Bas-reliefs de Sargon.* Principalement au musée du Louvre. Le roi et ses serviteurs. Génie ailé de Khorsabad (Voir PLACE, *Ninive et l'Assyrie.*

A partir de Sargon on sculpte la cornée et même la pupille, ce qui donne à la physionomie une expression plus vivante (Dr DEBROU, *de l'Expression des yeux dans la statuaire,* dans *le Correspondant,* 10 avril 1883 : d'après PERROT et CHIPIEZ).

IX. *Bas-reliefs de Sennacherib.* Bas-reliefs relatifs au siège et à la prise de Lakis, dans le sud de la Palestine. Les scènes s'animent, on se raproche de la réalité. Complexité extrême du détail. Procédés enfantins de représentation du paysage.

Voir MASPERO, *Histoire ancienne...* 1905, pp. 516-518.

X. *Têtes assyriennes antérieures à Assourbanipal.* Comparaison des types : le dieu, le roi, l'eunuque, le soldat. (Collection de CLERCQ, II, pl. XII-XV.)

XIᵉ LEÇON.

La sculpture assyrienne sous Assourbanipal.

I. La sculpture assyrienne à l'époque d'Assourbanipal constitue le point culminant du grand courant artistique qui se développa dans le bassin du Tigre et de l'Euphrate. Les conquêtes assyriennes ont fait de Ninive le centre du monde civilisé à cette époque. L'art de l'Egypte a pu influencer dans une certaine mesure le développement artistique de l'Assyrie en lui prêtant des formes nouvelles et des motifs décoratifs que les artistes ninivites transforment. Sous cette forme transformée ces motifs se répandront dans la partie orientale du bassin de la Méditerranée.

II. *Sujets.* Les sujets représentés diffèrent en général peu de ceux qui ont été traités antérieurement : ce sont toujours des scènes destinées à la glorification du roi à la guerre et à la chasse.

III. *Exécution.* Les bas-reliefs de Sennacherib et de Sargon avaient réalisé un progrès énorme sur ceux d'Assourna-zirpal. Beaucoup de la rudesse primitive avait disparu, les scènes étaient plus vivantes, le paysage n'était plus réduit à quelques indications schématiques. Les artistes d'Assourbanipal vont atteindre la perfection et, à l'exception de quelques scènes de bataille encore compliquées, ce qui frappera au premier abord c'est la sobriété dans la représentation, le choix judicieux entre les épisodes et, surtout dans les représentations des animaux, une science du mouvement qui n'a jamais été dépassée. On ne peut reprocher peut-être aux reliefs d'Assourbanipal qu'un souci trop grand de rendre les menus détails intérieurs des figures (coiffure, barbe, broderie, harnachement, etc.).

IV. *Assourbanipal à la guerre*. Le roi sur son char, suivi de son armée et accompagné des vaincus portant le butin (bas-reliefs au Louvre).

Groupe de fantassins en marche au British Museum. Les exagérations dans le rendu de la musculature ont entièrement disparu.

Capture d'une ville égyptienne : souci de la couleur locale ; les Éthiopiens représentés comme des nègres. Comparez la stèle d'Asarhaddon.

Épisode de la campagne contre les Arabes (représentation du chameau).

Épisode de la guerre contre Tioumman roi de Suse (MASPERO, *Histoire ancienne*, 1904, pp. 542 et s).

Torture des captifs élamites en présence des envoyés du roi d'Arménie.

V. *Assourbanipal en chasse*.

Variété des scènes représentées : les chiens, les chevaux, le bœuf sauvage, les cerfs, les chèvres, etc.

VI. *La chasse au lion*.

Assourbanipal chasse le lion, à pied, à cheval ou en char. La scène se divise ordinairement en trois épisodes : le lâcher des lions, l'attaque, et la victoire du roi qui célèbre un sacrifice.

" Si l'étude directe des formes du corps humain a manqué à l'artiste assyrien, il ne pouvait en être de même pour la représentation des animaux. Aussi la sculpture ninivite se montre-t-elle bien supérieure dans la reproduction des espèces animales qui vivaient en Mésopotamie. En ce genre elle l'emporte de beaucoup sur l'art égyptien, et elle atteint, au temps d'Assourbanibal, c'est-à-dire au moment de la chute de Ninive, un degré de perfection qui pourrait soutenir la comparaison avec les meilleurs produits de l'art hellénique. Son chef-d'œuvre est une figure de lionne... qui succombe sous les traits des chasseurs. Elle a la colonne dorsale brisée par une flèche qui la traverse de part en part ; le sang jaillit à flots de la blessure, mais avant d'expirer, le fauve fait un héroïque effort pour se relever sur ses pattes de devant et pousser un rugissement suprême. Pour rendre avec autant de vérité cette attitude dramatique, il fallait que les artistes eussent bien des fois suivi les chasses royales et qu'ils eussent assisté à de terribles scènes au milieu du désert hanté par les bêtes féroces. D'autres bas-reliefs nous montrent, avec un succès presque égal dans l'exécution, des lions qui bondissent autour du char royal, qui s'élancent audacieusement sur les barques qui sillonnent le fleuve, ou bien qui, nonchalamment endormis dans la plaine, détentent avec insouciance leurs membres au modelé plein de souplesse et de vérité. „ (Babelon.)

VII. *Le banquet.* Le seul bas-relief qui offre un caractère en quelque sorte familier est celui où l'on voit Assourbanipal couché sur un lit et assistant à une fête à laquelle la reine prend part. En dehors des figures de captives c'est une apparition unique de la femme sur les reliefs assyriens.

VIII. *Jugement d'ensemble.*

" En résumé la sculpture assyrienne triomphe dans le bas-relief et dans le travail patient et minutieux de l'ornement. Si l'on rapproche les œuvres du ciseau des Ninivites de celles des Hellènes de l'époque archaïque, jusqu'à l'avènement de l'école d'Egine, on observera entre les uns et les autres une étonnante parenté. La stèle d'Aristion, bas-relief primitif d'Athènes, connu sous le nom impropre de *Guerrier de Marathon,* semble, au premier abord, détachée des parois du palais de Sargon ou de Sennachérib... On ne saurait trop le répéter : la recherche du détail, le culte de l'infiniment petit, ont perdu l'art assyrien, en contribuant à lui faire oublier les traits généraux; le sculpteur, égaré par ce faux point de vue, a contemplé son œuvre de trop près, il a négligé d'améliorer les projections, d'assouplir les figures en leur donnant plus de naturel et de mouvement; ses personnages les plus achevés nous laissent toujours une impression de raideur géométrique. „

XIIe LEÇON.

Les Arts industriels de l'Assyrie.

I. *Bibliographie :* BABELON, *Manuel d'Archéologie orientale,* chap. III, § 3, et chap. IV.

PERROT ET CHIPIEZ, *Histoire de l'Art dans l'Antiquité,* tome II, chap. VIII.

The bronze Ornaments of the Palace Gates from Balawat. Londres, Société biblique.

Collection de Clercq, Catalogue méthodique et raisonné. Tome II.

MENANT, *les Pierres gravées de la Haute Asie.* Tome II. Cylindres de l'Assyrie.

II. *Terre émaillée.* Nous avons signalé déjà dans l'architecture chaldéenne et assyrienne l'emploi de briques émaillées. Parfois chacune des briques est décorée d'une scène (Brique de Nimroud, PERROT ET CHIPIEZ, pl. XIV), parfois au contraire chaque brique ne donne qu'une portion de figure. Ce procédé a été surtout employé dans les travaux des rois du second empire de Babylone. Porte du temple de Nabuchodonosor : Porte d'Isthar découverte par les fouilles allemandes à Babylone. Procédé développé par l'art perse (DELITSCH, *Zweiter Vortrag über Babel und Bibel*). " Tout le monde a eu l'occasion de voir des échantillons des ateliers qui florissaient encore au siècle dernier en Asie Mineure, et dont les produits ornent les palais et les plus riches mosquées du monde musulman. Cet art dérive directement des Chaldéo-Assyriens, et il est intéressant de constater que leurs successeurs, jusqu'à nos jours, ne lui ont pas fait faire le moindre progrès „ (BABELON).

Composition des couleurs : PERROT ET CHIPIEZ, loc. cit., pp. 705-706. Bleu : lapis lazuli en poudre; jaune : antimoniate de plomb avec étain; blanc : oxyde d'étain; noir : noir animal; rouge : sous-oxyde de cuivre et oxyde de fer.

III. *Céramique.* La céramique assyrienne est encore imparfaitement connue : il semble qu'il existait une céramique peinte à décors géométriques rudimentaires (MYERS, *the Early Pot-Fabrics of Asia Miner* dans le *Journal of the anthropological Institute*, XXXIII, 1903).

On a découvert quelques statuettes en terre. " Ces statuettes sont ébauchées avec une remarquable sûreté de main, dans une argile grise, presque crue et criblée de petits trous, comme si elle avait été mélangée avec des parcelles de paille ou de foin, selon le procédé employé pour la fabrication des briques „ (HEUZEY, *les Figurines de terre cuite au Musée du Louvre,* Paris, 1883). Figurines de chiens au British Museum.

IV. *Métaux.* Plaques estampées de la porte de Balawat découvertes par Rassam et conservées au British Museum et à Paris (Collections de Clercq et de Sclumberger).

Les plaques en bronze, de 26 centim. de hauteur, représentent les expéditions de Salmanazar II (861-825). Les scènes sont faites au repoussé et terminées au ciselet. L'exécution n'est pas homogène, on peut y distinguer plusieurs mains. Les reliefs forment la transition entre l'art d'Assournazipal et des Sargonides.

V. *Coupes en bronze* découvertes par Layard à Nimroud. (LAYARD, *Second Series of Monuments of Niniveh.*) Caractère composite de leur ornementation où se combinent les éléments égyptiens et assyriens. Analogie avec les coupes découvertes en Cypre et en Italie. Comparaison avec les décors des vases ioniens, proto-attiques et corinthiens.

VI. *Plaquettes et statuettes en bronze.* Représentations de l'enfer assyrien sur plaque en bronze dans la collection de Clercq et au Musée de Constantinople.

Statuette du vent du Sud au Musée du Louvre. " Rien de plus hideux et de plus expressif que cette tête aux yeux flamboyants, à la gueule rugissante, au front cornu, aux doigts crochus, au torse décharné, aux griffes de lion. „ (Babelon.)

Tête en bronze, de démon, dans la collection de Clercq, rappelant les meilleurs masques japonais.

VII. *Figurines en pierre.* Statuettes en albâtre au British Museum.

VIII. *Les meubles.* Le mobilier nous est connu surtout par les bas-reliefs, ainsi que par quelques rares spécimens dans les musées. Le métal était fréquemment employé, de même que le bois et l'ivoire. Nombreux ivoires découverts à Nimroud et conservés au British Museum. Même mélange d'influences diverses que l'on a constatées déjà dans l'ornementation des coupes en métal.

Le trône roulant de Sargon, reconstitué par Heuzey. (Origines orientales, pl. XII.)

IX. *Le cuir et les étoffes.* Nous avons eu l'occasion plusieurs fois sur les bas-reliefs de remarquer la perfection du travail du cuir et des étoffes. " L'industrie de la sellerie et de la cordonnerie qui, aujourd'hui encore, est si florissante chez les Turcs, les Persans et les Arabes, remonte traditionnellement aux Assyriens, qui l'ont élevée jusqu'à l'art. „ (Babelon.)

Quant aux broderies et tapisseries, les traditions classiques sont unanimes pour déclarer la perfection de l'art assyrien dans ce domaine. On sait l'influence de ces tapisseries orientales sur le développemeut de l'art ionien. (LAYARD, *Monuments of Niniveh*, 1re série.)

X. *Bijouterie.* Les bas-reliefs nous permettent également d'avoir une idée assez précise de la perfection des bijoux assyriens. Les fouilles ont, à cet égard, donné jusqu'à présent fort peu de documents.

XI. *Glyptique.* Cylindres archaïques montrant exclusivement l'emploi de la pointe.

Cylindres montrant l'emploi simultané de la pointe et de la bouterolle.

Progrès dans l'exécution. Scènes représentées : principalement, luttes entre génies ailés et les monstres. Perfection des cylindres de l'époque des Sarganides. " Les plus beaux produits de la glyptique assyrienne sont loin de valoir les anciennes intailles de la Chaldée. „ (Menant.) Cylindres de provenance inconnue montrant la combinaison de l'art assyrien avec l'art d'autres peuples voisins.

XIIIᵉ LEÇON.

L'art des Hittites.

I. Nous avons étudié jusqu'à présent en détail l'art égyptien et l'art assyro-chaldéen, les deux grands courants qui occupent une place prépondérante dans l'évolution de l'art oriental. Il nous reste à voir comment ces deux courants ont agi sur les peuples voisins et comment ils se sont propagés dans le bassin de la Méditerranée.

Nous avons fait précédemment une étude aussi complète que possible des documents. Il nous est impossible de faire de même pour cette dernière partie de notre tâche. Insuffisance des matériaux ; lacunes nombreuses ; éparpillement de la littérature. Nous devons donc nous contenter d'indications sommaires visant moins à élucider les problèmes qu'à attirer l'attention sur leur existence même.

II. On a cherché à rattacher au nom des Hittites, Hétéens, Khati, les nombreux monuments qui dans la Syrie du Nord et l'Asie Mineure, principalement la Cappadoce, sont dus en grande partie à l'influence assyrienne. Ils présentent entre eux — à côté de différences marquées — un certain air de parenté qui tient peut-être plus à l'unité de centre d'inspiration qu'à une unité de race ou de groupement politique.

Théorie de l'unité : SAYCE, *les Hétéens, Histoire d'un empire oublié.* Paris, 1891 (*Panhittitisme* de Reinach). Théorie de la multiplicité de peuples et de races : MESSERSCHMIDT, *die Hettiter.* Lepzig, 1903 et WINCKLER, *die Völker Vorderasiens,* ibidem, 60 pf., excellents résumés de la question. Voir HIRSCHFELD, *die Felsenreliefs in Kleinasien und das Volk der Hittiter* dans les Abhandlungen de l'Académie de Berlin, 1887 et Puchstein, O, *Pseudohethitische Kunst, ein Vortrag*, Berlin, 1890 (resumés dans Reinach, *Chroniques d'Orient*, I, pp. 372-374 et pp. 722-723).

III. Ce qui réunit tous ces monuments c'est une même écriture qui a résisté jusqu'à présent d'une façon à peu près complète à toutes les tentatives de déchiffrement (de Lantsheere, de la *Race et de la langue des Hittites* Bruxelles, 1891 ; Jensen, P, *the So-Called Hittites and their Inscriptions*, dans Hilpreht, *Explorations in Bible Lands during the 19*[th] *century* résumé de la question linguistique ; l'auteur conclut à l'origine arménienne du gros de la population à laquelle seraient dus les monuments pseudo-hittites).

IV. Ce qui fait surtout défaut jusqu'à présent ce sont des fouilles systématiques dans les divers sites où des monuments hittites ont été signalés. On peut seulement citer les fouilles allemandes de Sendschirli. Voir *Ausgrabungen in Sendschirli*, I Einleitung und Inschriften, II Ausgrabungsbericht und Architektur, III Thorsculpturen dans les *Mittheilungen aus den orientalischen Sammlungen*, XI, XII, XIII. Berlin, 1893, 1898 et 1902.

Pour l'art hittite, résumé général dans Perrot et Chipiez, *Histoire de l'art dans l'antiquité*, IV, 1887, pp. 481-804, et dans Babelon, *Manuel d'archéologie orientale*, chapitre VI. Ces deux ouvrages sont antérieurs aux fouilles de Sendschirli pour lesquelles il est indispensable de se référer aux mémoires spéciaux qui viennent d'être cités.

V. *Architecture*. L'architecture des hittites n'est à peu près connue que par les monuments de Sendschirli. Plan de la ville entourée d'une double enceinte renforcée de tours. Disposition de la porte du Sud. Le château intérieur et ses constructions. Les *hilani*. (Koldewey R., *die Architektur von Sendschirli*, dans *Ausgrabungen*, II, pp. 183-193 ; Puchstein, O., *die Saüle in der assyrischen Architectur*, dans le *Jahrbuch der k. d. archäologischen Instituts*, VII, 1892, pp. 1-24.) Le palais est sorti originairement du plan de la porte fortifiée :

comparaison des plans. Emploi du type architectural en Assyrie : le *hilani* de Khorsabad. Développement ultérieur du même type en Perse.

VI. *Éléments architecturaux.* Bases de colonnes en forme de sphinx accouplés. Figures de lions ornant les portes et semblables aux figures assyriennes. Sphinx d'Euiuk et lion de Marasch.

VII. *Sculpture.* Les œuvres de sculpture en ronde bosse sont encore très rares. Le seul monument important à citer est la statue de Panamou, contemporain de Teglat-Phalasar III (745-727) découverte à Sendschirli.

VIII. *Bas-reliefs.* On a trouvé des bas-reliefs de style hittite dans une série de localités extrêmement dispersées en Asie-Mineure. On peut les caractériser en disant qu'en général ils sont " grossiers, enfantins et raides bien qu'on puisse y constater des progrès et des essais d'animer les figures „ (Messerschmidt).

Stèle du palais de Nabuchodonosor à Babylone et stèle de Carchémis au British Museum. Bas-reliefs de Sendschirli : figures humaines, divines, animaux fantastiques, scènes de guerre ou de chasse.

Chasse au lion sur un relief de Malatya au musée de Constantinople (Hilprecht, p. 779). Chasse au cerf sur un relief de la région de Kharpout au Musée du Louvre (Heuzey, *Origines orientales*, pl. X), et ressemblant " en *moins vivant* à l'intaille d'une des bagues découvertes par Schliemann à Mycènes „ (Reinach).

IX. *Sculptures rupestres.* Bas-reliefs de Jasili Kaia (Boghaz-Keui, Cappadoce) : Représentations de divinités; le roi et la divinité, scène décrite dans le contrat de Ramsès II avec les Khétas. Difficulté de dater ces reliefs entre 1300 et 700 av. J.-C.

L'aigle bicéphale à Euiuk emprunté à l'art hittite par les Seldjoucides (1217), puis par les empereurs d'Allemagne : il apparaît dans les armoiries des empereurs allemands en

1345 (Messerschmidt). Voir PERROT ET GUILLAUME, *Exploration archéologique de la Galatie*. Paris, 1872.

Sculptures rupestres en Asie Mineure ; bas-reliefs d'Ibriz, de Karabel, etc.

X. *Arts industriels*. Grande habileté à travailler les métaux. Découvertes de bronzes dans la région du lac de Van. Travail de l'argent. Influence de la technique du métal sur les bas-reliefs et les inscriptions sculptées. Perfection relative de la glyptique. Voir HEUZEY, *La Glyptique syrienne*, dans les *Origines orientales*, pp. 172-182. Influences probables sur la glyptique mycénienne ou l'inverse. Voir REINACH, *Chroniques d'Orient*, II, p. 182.

XIVᵉ LEÇON.

L'Art Perse.

I. *Bibliographie:* FLANDIN ET COSTE, *Voyage en Perse.* Paris, 1846-54.

DIEULAFOY, *l'Art antique de la Perse.* Paris, 1884-89.

DIEULAFOY, *l'Acropole de Suse.* Paris, 1890

PERROT ET CHIPIEZ, *Histoire de l'Art dans l'antiquité,* V, 1890, pp. 401-897.

STOLZE, ANDREAS ET NÖLDEKE, *Persepolis,* Berlin, 1882.

BABELON, *Manuel d'archéologie orientale,* chapitre V.

WOERMAN, *Geschichte der Kunst,* I, pp. 208-219.

II. " Les plus anciens monuments de la Perse ne remontent qu'au règne de Cyrus (549-529). Pour l'époque antérieure, temps où la Perse n'était qu'une satrapie de l'empire des Mèdes, s'il existait un art perse, les vestiges n'en ont pas encore été retrouvés „ (Babelon) (¹).

" Les monuments de la dynastie achéménide se trouvent réunis dans trois sites principaux, qui possèdent chacun un ensemble de ruines assez complètement explorées : Suse, où les Achéménides sont venus, avec Darius et ses successeurs, élever leur palais sur les débris de ceux de la vieille capitale de l'Elam, détruite par l'assyrien Assourbanipal; Persepolis, dont les imposants débris forment deux groupes appelés aujourd'hui Takté-Djemchid et Nakché-Roustem; enfin, les ruines accumulées à Méched-Mourgab et à Madré-Soleiman, villages persans de la vallée du Polvar, sur la route qui va

(¹) Pour cette leçon nous nous contentons de résumer Babelon.

d'Ispahan à Chiraz : c'est là, sans doute, qu'il faut placer la ville de Parsagade. „

III. *Architecture civile.* Les conquêtes de Cyrus en Asie mineure ont mis les Perses en contact avec le monde gréco-ionien. Les rois de Perse font appel aux artistes grecs. " Ainsi, par exemple, Pline cite un fondeur de bronze, Téléphanès de Phocée, qui passait aux yeux des contemporains pour le digne émule de Polyclète, de Myron et de Pythagoras, et que les rois de Perse, Darius et Xerxès, attirèrent à leur cour, où il travailla pendant la plus grande partie de sa carrière. „

Terrasse du palais de Cyrus à Parsagade (Takté-Madre-Soleiman). Marques de pose. Palais de Persépolis élevés par Darius et Xerxès : influence de l'art égyptien. Terrasse des palais : Takté Djemschid. Palais d'habitation et salles de réception. Ces dernières, *apadana*, derivées du type des *Hilani* des Hittites.

Propylées de Xerxès (Portique Viçadahyu) avec figures de taureaux ailés ; " dans la sculpture de ces monstres gigantesques, l'artiste perse se montre supérieur à l'artiste assyrien ; tout en conservant aux animaux la même pose hiératique, il a su adoucir le modelé des membres, donner aux ailes une courbure élégante et plus gracieuse ; les taureaux n'ont plus que quatre pattes au lieu de cinq ; leurs flancs sont plus souples et plus gros ; les formes anatomiques et les proportions respectives des diverses parties du corps sont mieux observées : c'est l'art assyrien interprété par des artistes formés à l'école des Grecs „.

Palais de Darius. Portes et fenêtres où l'art égyptien fait sentir son influence combinée à celle de la Grèce.

Apadana de Xerxès. L'apadana de Darius (?), salle aux cent colonnes.

IV. *La colonne et le chapiteau perse.* " L'étude comparative de la colonne achéménide avec celle des monuments de l'Egypte et de la Grèce a conduit M. Dieulafoy à conclure que les profils de la colonne persépolitaine sont égyptiens, mais que la structure en est composée d'éléments gréco-ioniens... Ici encore, on est forcé de reconnaître que l'architecte, même lorsqu'il copie des motifs égyptiens et assyriens, est imbu des principes de l'art hellénique. „

V. *La Sculpture.* Bas-relief de Cyrus à Parsagade. Bas-reliefs de Persepolis. Combats d'animaux, le roi et les animaux fantastiques, le roi sur son trône, etc. " Quant à l'exécution, on y sent le ciseau d'un artiste grec, ou qui a été à l'école des Grecs. „

Dalle de marbre découverte en Attique (MENANT, *Recherches sur la Glyptique orientale,* II, pl. XI). Date incertaine.

VI. *Peinture et émaillerie.* Décors en briques émaillées de Suse. Frise des lions, frise des archers, etc.

VII. *Monuments funéraires et religieux. Les atech-gahs* de Nakché-Roustem. La tour de Djour près de Firouz-Abad rappelle les tours à étages chaldéennes et le minaret de la mosquée de Touloun au Caire. Tombeau appelé Gabré-Madré-Soleiman. Tombeau de Cambyse à Nakché-Roustem. Tombeaux dans le rocher inspirés des tombeaux égyptiens ou de ceux de l'Asie Mineure.

VIII. *Pierres gravées et bijoux.* "La glyptique et la bijouterie des Perses continuent noblement et sans déchoir les traditions artistiques de la Chaldée et de l'Assyrie. „

IX. L'art Perse est essentiellement un art officiel créé par les rois au moyen d'éléments empruntés à l'art des peuples voisins. Il disparaît à peu près entièrement avec la dynastie des achéménides.

Influence sur l'art des Parthes, des Sassanides et sur le développement de l'art indien.

XVe LEÇON.

L'art phrygien, lydien et lycien.

I. PHRYGIE. *Bibliographie :* PERROT et CHIPIEZ, *Histoire
de l'Art dans l'antiquité*, V, 1890,
pp. 1-235.

KÖRTE, A., *Kleinasiatische Studien, III, die
phrygischen Felsdenkmäler*, dans les
*Mittheilungen des kaiserlich deutschen
Archæologischen Instituts. Athenische
Abtheilung*, XXIII, 1898, pp. 80-153 et
3 pl.

REBER, F. VON, *Über die phrygischen
Felsendenkmäler*, dans les *Abhandlun-
gen der k. bayerischen Akademie der
Wissenschaften*, XXI.

KÖRTE, G. ET A., *Gordion Erzebnisse der
Ausgrabungen im Jahre 1900. Jahrbuch
der kaiserlich deutschen Archæologischen Instituts. Ergänzungsheft V.* Berlin,
1904.

HIRSCHFELD, G., *Paphlagonischen Felsen-
gräber, ein Beitrag zur Geschichte
Kleinasiens*, dans les *Abhandlungen der
k. Akademie der Wissenschaftén zu
Berlin*, 1885.

II. " Les Phrygiens sont un peuple de langue aryenne, qui
passa de Thrace en Asie mineure, vers 1500 av. J.-C. Homère
(vers 850), sait que les Phrygiens sont les voisins des Troyens
à l'est ; il les place dans la région littorale qui fut occupée, un
peu plus tard, par les Mysiens et les Bithyniens. Alors, le
gros des tribus phrygiennes se retira dans l'intérieur et

perdit le contact de la mer. Aussi, l'antiquité classique, depuis le Ve siècle, distingue-t-elle deux Phrygies, une littorale ou hellespontienne, dite *Petite Phrygie,* sur l'étendue de laquelle les géographes sont en désaccord, et une *Grande Phrygie,* dont les limites coïncident à peu près avec celles du plateau central de l'Asie mineure. Le centre politique de la Grande Phrygie, était Gordion, la ville de Midas „. REINACH, S., *les Fouilles de Gordion en Phrygie,* dans la *Revue archéologique,* 4e série, IV, 1904, pp. 119-125.

III. *Petite Phrygie.* Tombeau de Tantale.

Grande Phrygie. Monuments rupestres que l'on doit diviser en deux catégories : les tombes et les temples.

Tombes. Pour les divers monuments et leur bibliographie détaillée, voir KÖRTE, *Kleinasiatische Studien.*

Tombeau avec figures de lions : Arslan-Tasch (Perrot, fig. 64).

La tombe brisée, près de Hairan-Veli (Perrot, fig. 65-71; 117-122).

IV. *Temples.* Conclusions de Körte : 1° Les façades souvent avec niche, décorées de motifs géométriques, sont des temples; 2° Elles sont contemporaines des tombes à reliefs et appartiennent par conséquent aux temps entre l'expulsion des Cimmériens et la chute de Crésus, c'est-à-dire entre 630 et 546; 3° Dans les deux groupes on peut noter des influences grecques (Gordion).

Comparer le temple arménien sur un relief assyrien (Perrot, II, fig. 190, p. 410).

Jasili-kaja, tombeau dit de Midas — Arslan-kaja, près de Düver — Maltasch près de Hairan-Veli — Kütschük — Jasili-kaja, près de la tombe de Midas — Hassan-bey-kaja.

Il faut citer afin d'empêcher toute confusion une série de monuments se rattachant au même art mais qui datent de l'époque impériale romaine, par exemple la tombe de Solon à Kumbet.

V. Le *temple de Gordion* orné de terres cuites architecturales, restitué par G. et A. Körte, se rattache étroitement aux façades sculptées dans les rochers.

Autels en forme de trône. Le meilleur exemple de ces trônes de divinités est celui de Jasili-kaja, à 9 kilomètres de Kumbet.

Sculpture religieuse découverte dans une tombe de Gordion : lion dévorant un petit animal. (Voir Reinach, S., *les Carnassiers androphages dans l'art gallo-romain,* dans *Cultes, Mythes et Religions,* I, Paris, 1905, pp. 279-298).

(Dans une des tombes de Gordion on a découvert un vase signé de Clitias et Ergatimos, les auteurs du célèbre Vase François).

VI. LYDIE et CARIE. *Bibliographie.* Perrot et Chipiez, *Histoire de l'Art dans l'Antiquité,* V, 1890, pp. 239-336.

Radet, G., *la Lydie et le Monde grec au temps des Mermnades (687-546).* Paris, 1893. Voir surtout le chap. VI, la civilisation lydienne, pp. 260-304.

" Par sa position géographique, par sa configuration et sa structure, elle forme le lien entre la côte, qui est grecque, et l'intérieur, qui se rattache aux régions sémitiques du haut Euphrate...

" Dans cette longue marche de la civilisation orientale à travers l'Asie, depuis les plages du golfe persique jusqu'aux bords de la mer Egée, la Mésopotamie est le centre primordial de rayonnement : la Cappadoce et la Phrygie sont les étapes médiocres, la Lydie est le point d'aboutissement, d'assimilation finale et de distribution dernière... L'art grec primitif n'est qu'une évolution de l'art oriental. Sans l'hypothèse d'une action décisive exercée par celui-ci sur celui-là on ne comprend rien aux faits... On ne s'explique pas en particulier que toutes les grandes découvertes du siècle des Mermnades aient eu lieu dans la Grèce d'Asie et non dans la Grèce d'Europe... Si donc l'éclosion de tant de nouveautés s'est produite au milieu des Eoliens, des Ioniens et des Doriens asiatiques, cela tient uniquement à ce que ceux-ci, en contact avec des civilisations parvenues à leur apogée, reçurent d'elles une commotion féconde, puisèrent chez elles leurs inspirations et leur dérobèrent leurs secrets... „ (Radet).

Voir PERROT, *de l'Art égyptien et de l'Art assyrien. Qu'il est nécessaire de les étudier pour se préparer à l'étude de l'art grec et de ses origines.* Paris, 1880. (Annuaire de l'Association pour l'encouragement des études grecques en France, 1879).

" ... à l'heure actuelle on en est encore à chercher un bas-relief, une inscription, un édifice qui soient nettement, certainement, exclusivement lydiens „ (Radet).

Tombeaux lydiens et cariens en forme de tumulus avec couloir et chambre construits en pierre, de date incertaine. Idoles des îles anciennement dénommées Cariennes.

VII. LYCIE. *Bibliographie :* PERROT et CHIPIEZ, *Histoire de l'Art dans l'Antiquité,* V, 1890, pp. 339-400.

BENNDORF et NIEMANN, *Reisen in Lykien...* Vienne, 1884.

PETERSEN et LUSCHAN, *Reisen in Lykien...* Vienne, 1889.

La tombe reproduit les formes de la maison en bois.

Tombes dans les rochers : façade seule, deux côtés, trois côtés dégagés des rochers, ou même, tombe dégagée des quatre côtés.

Tombes en type de sarcophage. Tombeaux en forme de piliers : Xanthos : Monument des harpies. Bas-reliefs lyciens.

XVIᵉ LEÇON.

L'art phénicien et cypriote.
Judée, Palmyre et Arabie.

I. PHÉNICIE. *Bibliographie :* PERROT et CHIPIEZ, *Histoire de l'Art dans l'antiquité,* III, 1885.

BABELON, *Archéologie orientale.* Chap. VIII.

PIETSCHMANN, R., *Geschichte der Phönizier.* Berlin, 1889.

RAWLINSON, G., *History of Phoenicia.* Londres, 1889 (surtout les chap. VI Architecture, VII Aesthetic Art, VIII Industrial Art and Manufactures).

CESNOLA, *A descriptive atlas of the Cesnola Collection.* 1885.

OHEREFALSCH-RICHTER, *Kypros, die Bibel und Homer.* Berlin, 1893 (voir SALOMON REINACH, *Chroniques d'Orient*).

II. " Les Phéniciens n'ont pas eu d'art original : il se sont bornés à exécuter et à transporter dans toutes les parties du monde antique des imitations à peine déguisées des arts égyptien, assyrien et grec „ (Maspero).

On a voulu successivement nier l'importance de l'art phénicien ou l'exagérer (HELBIG, *l'Épopée homérique,* Paris, 1894). On aurait peine à trouver des traces de l'art phénicien antérieurement à 1000 av. J.-C. Au VIIIᵉ siècle l'art phénicien s'inspire principalement de l'art assyrien, au VIIᵉ siècle de l'art saïte (égyptien), à partir du VIᵉ siècle de l'art grec.

III. *Architecture.* Habitations creusées dans le roc, puis complétées par des blocs rapportés. Emploi de blocs de dimensions prodigieuses. Murs d'Arad, de Béryte, de Sidon.

Temples. Le *maabed d'Amrith* : cour et tabernacle en partie creusés dans le roc, en partie sculptés. Tabernacle de *Aïn el Hayat.*

" Le temple phénicien et chananéen avait donc une grande ressemblance avec le temple de Jérusalem, ainsi qu'avec la grande mosquée de La Mecque, le seul monument qui perpétue jusqu'au milieu de nous ce type architectural „ (Babelon).

Temples cypriotes : sanctuaire d'Astarté à Paphos, temple de Byblos, représentés sur des monnaies romaines (DONALDSON, *Architectural Numismatic.* Londres, 1859; BABELON, *Traité des monnaies grecques et romaines,* I, col. 46 et s.).

Temple de Golgos : *bétyle* et statues des fidèles. Trésors des temples : Curium : chambres souterraines pour les bijoux d'or, la vaisselle d'argent, les objets de bronze, d'albâtre, les vases et les statuettes en terre.

IV. *Tombeaux.* Chambres souterraines analogues aux hypogées égyptiens. Sarcophages rangés le long des murs des chambres ou placés dans des niches ou fours à cercueils.

Constructions extérieures à Amrith : le *Méghazil* " chef-d'œuvre de proportion, d'élégance et de majesté „ (Renan). Le *Burdj-el-Bezzâk* avec deux étages de chambres à sarcophages au-dessus du sol. Sarcophages : anthropoïdes du type égyptien ou même importés d'Égypte (Eschmunazar II vers 400 av. J.-C.) ou rectangulaires, de style grec (Nécropole royale de Sidon et nécropoles cypriotes) ou encore de style lycien (Sidon). Voir HAMDY-BEY et TH. REINACH, *Nécropole royale à Sidon.* Paris, 1892.

V. *Eléments d'architecture.* Colonnes, chapiteaux, frontons, etc.

Stèles à décor architectural. Stèle d'Hadrumète.

VI. *Sculpture.* La sculpture phénicienne est connue principalement grâce aux monuments cypriotes. On peut y relever la triple influence assyrienne, égyptienne et grecque...

" L'artiste cypriote est un Grec qui a fait son apprentissage chez les Orientaux „ (Babelon).

Peu d'épaisseur des statues : " Les figures semblent avoir été taillées non dans des blocs prismatiques, mais dans de la pierre débitée en carrière, sous forme de dalles épaisses „ (Perrot).

Elles étaient surtout destinées à être placées contre les murs des temples.

Exécution : " Le travail est tout à la fois minutieux et lâché; il manque de largeur et de fermeté „ (Perrot). Le colosse d'Amathonte.

Bas-reliefs : dalles d'Amrith au Musée du Louvre. Stèle dans la collection de Clercq de style phénico-hittite. Bas-relief d'Athiénau représentant Hercule capturant les troupeaux de Geryon. Bas-reliefs de sarcophages cypriotes et sidoniens.

VII. *Céramique.* Figurines en terre cuite de style assyrien, égyptien et grec. Vases décorés de style géométrique, représentations animales et humaines. Vases émaillés découverts dans tout le bassin oriental de la Méditerranée : aryballe en forme de tête casquée au nom d'Apriès à Corinthe, aryballes à Rhodes, etc.

VIII. *Verrerie.* Imitation de vases multicolores égyptiens en usage dès la XVIIIe dynastie. Propagation de cette industrie dans la Méditerranée, Fabriques de Sidon, Sarepta, Tyr; cette dernière encore en pleine activité au XIIe siècle de notre ère.

Voir FROEHNER, *la Verrerie antique. Collection Charvet.* Le Pecq, 1879.

IX. *Métal.* Contentons-nous de signaler les coupes en bronze, argent, or, électrum (par ex. Larnaca) décorées de scènes gravées et que l'on découvre, en Assyrie, à Cypre, en Etrurie, dans le Latium (Palestrina). Fragment d'Amathonte au Musée de New-York, montrant des éléments égyptiens, assyriens et grecs combinés.

X. *Bijouterie et glyptique*. Même caractère d'art hybride. Plaquettes en ivoire pour coffrets découvertes à Nimroud, en Phénicie, dans le Latium. Œufs d'autruche découverts en Etrurie avec décors gravés de style phénico-ionien.

Cylindres, scarabées, scarabéoïdes, etc., de style hybride, avec inscriptions phéniciennes.

XI. JUDÉE. A l'exception de quelques restes de murs, dont la date n'est pas incontestée, on ne possède pour ainsi dire aucune trace de l'art hébraïque antérieur à l'époque d'Alexandre. Les restitutions du temple de Salomon basées sur la description du Livre des Rois, sont toutes plus ingénieuses que scientifiques.

Voir DE VOGUÉ, *le Temple de Jérusalem*. Paris, 1864. PERROT et CHIPIEZ, *Histoire de l'Art dans l'antiquité*, IV, 1887, pp. 119-377. BENZINGER, *Hebraische Archeologie*. Leipzig, 1894.

XII. PALMYRE. Les Bustes palmyréniens se rattachant à l'art hellénistique portent des inscriptions qui permettent de les dater à peu près tous de la période qui se place entre 128 à 271 ap. J.-C.

XIII. ARABIE. Contentons-nous d'attirer l'attention sur l'art arabe antérieurement à Mahomet en signalant un bas-relief du IIIe-IVe siècle ap. J.-C., découvert dans l'Yemen (*Revue d'assyriologie*, I, 2, 1885, pp. 57-58 et pl. III).

XVIIᵉ LEÇON.

Le Nord de l'Afrique, Malte, la Sardaigne, l'Espagne.

I. *Les monuments mégalithiques du* NORD DE L'AFRIQUE. Succession des types ; Tumulus avec ceinture de pierres et caisse rectangulaire en pierre ; le couvercle de la case funéraire couronne le tertre ; la case entièrement dégagée (*dolmen*) ; cercles de pierres (*cromlechs*) ; les *chouchet,* tours rondes à plusieurs rangs d'assises avec case funéraire au sommet. " Les ressemblances que les dolmens d'Afrique offrent avec ceux d'Europe, sont trop frappantes pour être attribuées au hasard... Il n'est nullement prouvé que le type dolménique ait été importé d'Europe en Afrique : un savant éminent, M. Montelius, a récemment soutenu la thèse contraire „ (Gsell). Voir Gsell, *les Monuments antiques de l'Algérie*, I, Paris, 1901, pp. 1-55. Mac iver et Wilkin, *Libyan Notes*. Londres, 1901. Pour la dispersion de ces monuments depuis la Syrie jusque dans l'Europe occidentale, on peut consulter Sergi, *the Mediterranean Race : a Study of the Origin of European People*. Londres, 1901. — " L'usage de construire des monuments mégalithiques s'est maintenu dans l'Afrique du Nord bien plus longtemps qu'ailleurs. A cet égard, comme à tant d'autres, beaucoup de Berbères ont gardé, avec une fidélité obstinée, les coutumes de leurs ancêtres „ (Gsell).

II. *Monuments puniques et libyphéniciens* d'ALGÉRIE. Gsell, loc. cit., pp. 55-74.

Mausolée de style gréco-punique du Khroub près de Constantine, — Le *Medracen* ou *Madghasen* près de Batna " monument indigène revêtu, pour ainsi dire, d'une chemise gréco-punique „ (Gsell). Tombeau royal des descendants de Madghès ancêtre d'une des souches principales des Berbères.

Tombeau dit de la Chrétienne aux environs de Castiglione près d'Alger : époque incertaine, peut-être construit aux environs de notre ère.

III. *Monuments primitifs de* MALTE. Voir MAYR, *die vorgeschichtlichen Denkmäler von Malta*, dans les *Abhandlungen der k. bayer. Akademie der Wissenschaften.* Munich, 1901.

IV. LA SARDAIGNE. Voir PERROT et CHIPIEZ, *Histoire de l'art dans l'antiquité*, IV, 1887, pp. 1-118.

Les *Nouraghes : nouraghe de Zuri.* Analogies avec les *sesi* de l'île de Pantellaria et les *talayots* des Baléares. Voir CARTAILHAC, *les Monuments primitifs des îles Baléares.* Toulouse, 1892. Comparez aussi les *Rigum* de l'Arabie et du Sinaï. Voir PIETSCHMANN, *Geschichte der Phönizier*, p. 289.

Statuettes sardes en bronze.

Autrefois, on rattachait ces monuments à l'art phénicien, aujourd'hui, on les rapporte plutôt à des colons venus du nord de l'Afrique, antérieurement à l'époque carthaginoise.

V. L'ESPAGNE. *Bibliographie :* HEUZEY. *Statues espagnoles de style gréco-phénicien* dans la *Revue d'Assyriologie et d'Archéologie orientale*, II, 3, 1891, pp. 96-114.

BONSOR, *les Colonies agricoles préromaines de la vallée du Betis*, dans la *Revue archéologique*, 1899.

SIRET, H. et L, *les Premiers Ages du métal dans le sud-est de l'Espagne.*

PARIS, *Essai sur l'Art et l'Industrie de l'Espagne primitive*, 2 vol. Paris, 1903.

Monuments· en grandes pierres analogues à ceux des Baléares, de Sardaigne, du Nord de l'Afrique, de Malte, de la mer Egée. " M. A. Evans a affirmé catégoriquement qu'il y a de l'égéen en Espagne (vases à tête de chouette, idoles plates en marbre, poignards triangulaires) (Paris). „ Tombeau à coupole du Portugal.

" Il y a toute une série de choses qui montrent que les deux extrémités de la Méditerranée subissaient une même influence générale (Siret). „ Ecriture celtibérienne.

Rapports de commerce avec l'Orient dès les périodes les plus anciennes.

Influence grecque aux VI-Ve siècles. Fragments architecturaux d'Elché.

VI. *La sculpture ibéro-orientale.* La *vicha* de Balazote au Musée de Madrid reproduisant le type chaldéen du taureau à tête humaine. " Les Ibères en ont accueilli l'idée et la forme générale, que, sans rien changer à l'attitude, ils ont traduites à leur manière „ (Paris). Les griffons ailés du Salobral, près d'Albacète, au Musée du Louvre. Groupe ibérique de Cartima, dérivé du groupe oriental du lion dévorant un petit animal. (Groupe du Musée de Palerme découvert à Mistretta-Sicile).

Les têtes de taureaux en bronze de Costig, au Musée de Madrid. Têtes de taureaux à Majorque, Cypre, Mycènes, etc.; de nos jours, à Malte, Sicile, Algérie.

Tête gréco-ibérique : " Le procédé par lequel la chevelure est rendue donne lieu particulièrement à des observations curieuses et mérite d'être examiné avec attention. Ce sont bien les mèches courtes et nombreuses, que la technique plus vivante de la fin du Ve siècle et de toute la période du style libre, avait adoptées pour rendre le mouvement naturel de la chevelure virile. Seulement, nous avons affaire à des praticiens qui, tout en recevant de l'art grec ce dernier progrès de la mode et du goût, restent si fort attachés à la facture archaïque et traditionnelle, qu'ils se hâtent de traduire ce perfectionnement d'après le système symétrique et décoratif de l'ancien art oriental. „

Figurines de femmes du *Cerro de los Santos*.

VII. *La dame d'Elché.* Découverte le 4 août 1897. " Le buste d'Elché est, cela ne fait aucun doute, une œuvre unique. Aucun monument sorti du sol de l'Ibérie ne peut lui être comparé, ni pour l'intérêt archéologique, ni pour la valeur d'art. L'originalité forte qui s'en dégage est faite pour passionner : il a l'attrait de tout ce qui est à la fois étrange, inattendu et beau; il a été une véritable révélation. Pourtant, si c'est là une œuvre unique, ce n'est pas une œuvre isolée. Il saute aux yeux qu'elle se rattache aux sculptures du Cerro de los Santos „ (Paris).

XVIIIᵉ LEÇON.

L'art égéen.

I. *Bibliographie :* WOERMANN, *Geschichte der Kunst*, I.
Leipzig, 1900, pp. 180-192.

PERROT et CHIPIEZ, *Histoire de l'Art
dans l'antiquité*, VI. Paris, 1894.

EVANS, ARTHUR J., *the Palace of
Knossos* dans le *Annual of the British
School at Athens*, VI-1899-1900, VII-
1900-1901, VIII-1901-1902, IX-1902-
1903.

HALL, H.-R., *the Oldest Civilisation of
Greece.* Londres, 1901.

POTTIER, E., *le Palais du Roi Minos*,
dans la *Revue de Paris*, IXᵉ année,
février et mars 1902.

DE MOT, JEAN, *la Grèce de Minos et
d'Agamemnon. (Les civilisations primitives en Grèce*). Bruxelles, 1903.

II. Sans chercher à étudier ici avec les développements
qu'il comporte l'art égéo-mycénien, il est indispensable de
marquer la place qu'il ·occupe dans l'art oriental. On a
cherché à le rattacher étroitement à l'art grec. " Ces idoles
informes de pierre et d'argile, ces morceaux d'enduits
colorés, ces bijoux étranges, ces éclats de poterie, tout cela,
tout ce que les récentes découvertes ont fait sortir des tran-
chées de Troie, de Tirynthe ou de Mycènes, est-ce autre

chose que les premiers anneaux d'une chaîne à l'autre bout de laquelle il y a les statues de Phidias et de Lysippe, les peintures de Polygnote et de Xeuxis, les intailles de Pyrgotèle, les vases d'Euphronios et de Sosias „ (Perrot). Pour M. Pottier " ce sont, non seulement deux arts, mais deux esthétiques complètement opposées „. Le même auteur remarque que " les Grecs eux-mêmes ont eu le sens très net d'une division tranchée entre la civilisation antérieure aux Doriens et celle qui suivit, et les monuments découverts confirment cette impression „.

III. En face des civilisations égyptienne et chaldéo-assyrienne, il faut, semble-t-il, faire une place à une civilisation primitive méditerranéenne qui, entrée en contact avec ses voisines de l'Orient, atteignit vers le XVe siècle avant notre ère, à une degré de perfection absolument insoupçonné jusqu'à ces dernières années.

" Quand les Doriens eurent tout submergé du XIIe-Xe siècle, il ne resta presque plus rien du passé (dans la Grèce continentale). C'est, comme on l'a dit, un moyen âge qui commence. Au contraire, dans les îles et sur les côtes d'Asie Mineure, la société qui se forme est encore tout imprégnée des souvenirs de la civilisation déchue. L'art grec ionien est une continuation logique et une descendance de l'art égéen... „ (Pottier).

Mais si l'art égéen, pour conserver les expressions de M. Pottier, est " dégagé de tout système de pastiche comme celui où s'enlisa plus tard l'art phénicien „ il n'en est pas moins " soumis à de fortes influences orientales „. Quant à l'art ionien, il ne faut pas oublier qu'il s'est développé au contact des civilisations orientales : les Phéniciens jouent dans ce développement un rôle incontestable. " D'une manière générale, l'influence de l'Égypte, de la Chaldée, de la Phénicie, sur les civilisations anciennes de la Grèce et de l'Italie, ne peut être révoquée en doute par aucun archéologue bien informé „ (Reinach).

Nous conclurons avec M. Pottier : " Si l'on n'ouvre pas la porte toute grande aux enseignements de l'Orient, le problème mycénien me semble voué à une perpétuelle obscurité, car, quoi qu'on fasse, si puissant qu'on suppose le génie des peuples préhelléniques, on ne fera jamais sortir logiquement du système ornemental ni de la plastique européenne des chefs-d'œuvre comme les vases de Vaphio ou les fresques de Cnossos. L'hiatus est énorme ; il faut quelque chose pour le combler. Tous les éléments historiques, géographiques, artistiques, s'accordent pour montrer comment la suture s'est faite. Elle se fera de la même manière, après le moyen âge dorien. La sculpture grecque eût peut-être été incapable de sortir des pénombres où elle restait plongée depuis trois siècles, si au temps de Psammétique et de Sennachérib, l'Egypte et l'Asie, pour la seconde fois, n'étaient venues donner le branle aux idées et stimuler le génie européen „.

—

CONCLUSIONS

Nous sommes arrivés au terme de notre étude ; nous avons passé en revue les différentes formes qu'a revêtues la pensée artistique des peuples de l'Orient classique. Nous avons pu entrevoir dans quelle mesure l'art oriental avait concouru à la formation de l'art grec qui devait atteindre, dans ce domaine, à un degré qui n'a pas été dépassé.

Notre étude a été nécessairement fragmentaire : les documents ne présentent pas encore, pour la plupart des pays et des périodes, des séries suffisamment complètes ; les études d'art oriental, basées sur les monuments retrouvés, n'ont pu, á défaut de toute tradition littéraire, acquérir le degré de certitude qui caractérise les recherches d'art classique.

L'art classique a mis en œuvre des éléments nombreux puisés aux sources orientales : ces sources n'en ont néanmoins pas été taries et, sans être taxé d'exagération, on peut hardiment — à notre époque d'éclectisme — prédire que l'étude attentive des arts de l'Orient ancien produira dans nos arts contemporains des résultats intéressants.

C'est là ce qui justifie la place importante consacrée à l'art oriental dans la candidature en art et archéologie.